跟着
查理·芒格
学投资

庞剑锋 - 著

HOW
TO
INVEST

Learn from
Charles
Thomas
Munger

台海出版社

自序

我曾经写过一本介绍曾国藩和王阳明的书《拙诚之道》。曾国藩和王阳明的思想可以用"拙诚"两个字加以概括。这两个字是中国传统文化的精髓，又与巴菲特和查理·芒格的思想高度吻合。本书重点介绍查理·芒格与拙诚的关系，从拙诚的角度来解读查理·芒格的思想。

查理·芒格说，人们总是试图变得聪明，而我所做的一切都是为了不笨，但是这比大多数人想的要难。

People are trying to be smart—all I am trying to do is not to be idiotic, but it's harder than most people think.

查理·芒格教人们一个"拙"字。要成为一个不笨的人，竟然是那么的难。曾国藩并不认为自己是一个聪明的人，反而常说自己是一个"畏天命、畏人言、畏君父"，怕这怕那的人。

股市投资固然需要聪明，但首先需要风控。

大多数人在投资股票的时候，往往第一眼看到账面收益在向上翻滚，却看不清收益背后的风险在阴森地笑。甚至有些人认为，闭眼买一只股票，只要能拿住，不断加仓，高抛低吸，摊低成本，迟早能赚回来。在股市发展的最初二十年，这招的确管用。但如果按照这种简单经验继续外推，很可能会犯刻舟求剑的错误。如今，中国股市的股票数量已经达到了 4000 只以上，科创板、新三板等新的股权市场不断出现，进一步降低了壳资源的价值。另一方面，海外机构资金对中国股市的介入也越来越深，随意投资的风险已经越来越大。风险意识在股市投资中的地位进一步凸显。

我是北大研究生科班出身，拿过两次全国模拟炒股大赛的冠军，我一度以为自己是聪明的人。过去十年，花了很多时间沉浸在各种热点的切换中，为了赚快钱熬白了多少黑发？还有很多光阴虚掷在非主流小股票的挖掘之中。这一切的折腾，还不如老老实实地拿着贵州茅台，没有惊涛骇浪，却可以穿越牛熊，获得十几倍的收益。大道至拙！

另外查理·芒格也教人们一个"诚"字。查理·芒格说，他喜欢那些承认自己完全愚蠢的人。他知道，当他承认自己错误的时候，他会做得更好。

I like people admitting they were complete stupid horses' asses. I know I will perform better if I rub my nose in my mistakes.

包括朱熹、曾国藩在内的中国古代先哲对自己要求都非常严格，有错必纠。曾国藩在检讨自身错误的时候说的"不为圣贤，便为禽兽"，与查理·芒格所言有异曲同工之妙。

无情的自我批判，是一个基金经理非常可贵的品质。迅速地改正错误，是一只对冲基金生存发展的必要条件。2018年年初，我们浦来德基金曾经看好裸眼 3D 的发展前景，少量持有一只叫康得新的股票。但是浦来德研究员去市场调研的时候，发现裸眼 3D 笔记本的观赏效果并不好，观众只要稍微偏转一下头部，就看不清楚画面。而且，裸眼 3D 笔记本在几大电器商场并没有受到欢迎。于是，浦来德基金果断斩仓康得新，从而规避了后续极其惨烈的下跌。

当然，这个"诚"字不仅包含了对自己真诚，也包含了对他人真诚。知人者智，自知者明。最简单粗暴的真诚是把自己的想法暴露给他人，而更加高级的真诚是懂得他人。曾国藩之所以能成其事功，得益于他的识人用人，团结了一批具有卓越领导力和执行力的干将。用金钱、官位和血诚之心团结这么一批湘军管理层，也是一种投资。真诚是一种能力。

查理·芒格非常注重企业管理层的素质。他说，在少数情况下，你发现一个管理层是如此的优秀，以至于你跟随他进入一个看起来平凡的行业也是明智的。

Very rarely, you find a manager who's so good that you are wise to follow him into what looks like a mediocre business.

巴菲特和查理·芒格的伯克希尔·哈撒韦公司曾经投资过罗斯的家具卖场——内布拉斯加家具城。当94岁的罗斯与自己的儿孙发生争执后，罗斯在马路对面又开了一家新的家具卖场，这起初并没有引起巴菲特和查理·芒格的重视。没想到，罗斯新开的家具卖场迅速夺走了原来的家具卖场的生意。这使伯克希尔·哈撒韦不得不再次收购罗斯的新家具城，并且与之签订禁止同业竞争协议。罗斯这位老太太一直工作到104岁去世。这个案例充分说明了优秀管理层的重要性。

在中国股市做投资，要懂得企业管理层，懂得交易对手，尤其要善于揣摩政策的意图和影响。这是比查理·芒格在美国做投资更不容易的地方。如果查理·芒格生活在中国，相信以他的智慧，一定也会发展出一套研究政策对股市影响的技巧。吃透政策，是股市投资实践中极其重要的一个环节。

比如，2018年年初，如果能深刻理解金融去杠杆对股市的影响，加大股指期货的对冲力度，就可以在股指期货上获得更高的收益。当时间推移到2019年1月底，股市政策发生了翻天覆地的变化，能够准确评估这些政策的影响，才能及时加大股票的多头仓位。

曾国藩说："惟天下之至拙，能胜天下之至巧；惟天下之至诚，能胜天下之至伪。"把这种拙诚精神照射在股市上，就是投资的拙诚之道。

投资基金不是一个盯盘运动，也不是指尖上的游戏；不是摆几张桌子，泡一壶茶，坐在摇椅上装悠闲；也不是整日奔波于各种策略会、调研团；更不是成天在房间里踱来踱去，走出一股思虑万千的冥想。

优秀的基金经理能在关键节点，在思想的脑海里、白纸上或者与人讨论中，对影响股市的各方势力和公司竞争力进行解剖，进而形成个股风险和宏观走势的判断，然后把判断交给公司的制度机器去运转。优秀的基金公司必然有完善的自我纠错机制。

随着不断对拙诚精神加深理解，我发现，在以任正非、陶华碧为代表的中国企业家身上，同样闪耀着拙诚的光辉。任正非所领导的华为，不投机取巧，实打实地靠着出色的研发能力，提高产品质量，扩大营业收入，可以说是中国民营企业的带头大哥。陶华碧的老干妈辣酱，不打任何广告，只凭良好的口感，远销海外，成为外国人对中国味道的第一印象。如果每个企业都抱着拙诚的思路去实现自己企业的价值，那么我们国家也会像德国一样涌现出很多制造业的知名品牌。

拙诚精神是一种成功学，更是一种价值观。坐在书桌旁，书写着自己的感悟，不是为了教人在股市里赚钱，而是为了让人间有更多的拙诚精神！

目录

第三章　股市避雷案例精选

第六章 诚的艺术：如何揣摩政策和宏观经济

HOW
TO
INVEST

Learn from
Charles
Thomas
Munger

001

第一章　日拱一卒：投资中的时间尺度

一、投资靠理性，并非反人性

有一种观点认为，股市投资之所以赚钱难，是因为它是违反人性的。比如，人性是贪婪的，总希望买在最低点，卖在最高点，而这样想的人往往在股市赚不到钱。人性既有贪婪，也有恐惧。往往在大家都感到恐惧的时候，投资的机会就来了。巴菲特说，在别人贪婪时恐惧，在别人恐惧时贪婪。还有一种观点认为，庄家无处不在。庄家能把散户看得一清二楚，算准了，要和散户的人性反着来。

总之一句话，股市投资要成功，似乎不跟人性反着来还不行。

成功与失败的道理往往都是相通的。曾国藩立下了不世之功，是成功的。值得注意的是，曾国藩的大多数行为都没有反人性。

曾国藩和普通人一样，他也有恐惧的时候。靖港水战一败涂地，曾大人的小心脏受不了，居然一时糊涂投水自尽，幸亏被下属救起。他和普通人一样，也有得意忘形的时候。

他在朋友郑小珊面前夸夸其谈，引发口角，差点干架。他和普通人一样，也有失望的时候。特别是当英法联军把皇帝赶跑了，江南大营又被太平军攻破之时，他对大清失去了信心，觉得大清熬不过一年了。

然而，曾国藩硬生生地挺了过来，凭的是什么？原因是复杂多样的，军事方面至少有两个主要原因。首先，他知道自己不擅长指挥作战，就不再亲临战场。让那些在战场上沉着冷静、反应快的将领（如李续宾、曾国荃）去打仗，自己则在后方筹备粮草，制定战略。其次，曾国藩擅长识别与使用人才。他在日记中记录了大量的相人案例，给人才磨砺锻炼的机会，甚至还拿出自己的私房钱补贴家庭困难的将领。

曾国藩的扬长避短是反人性吗？这恰恰是散发着人性光辉的理性。理性能让人们遵循理智与逻辑来做出符合人性的决定。

查理·芒格在《人类误判心理学》中讲了一个小故事：在一个晚宴上，一位女士让查理·芒格用一个词来概括自己的成功，查理·芒格给出的回答是"理性"。

如果我告诉你，看到股市涨跌，我的内心毫无波动，那是瞎说！有谁能在股市行情前心如止水？在财富面前不动心，在名利面前不变色，那大概是看破红尘的高人。尘世中的凡人会动心，但是动心的程度有多有少。理性的力量发挥出来，动心的程度就少了。

当你知道，原来股市的短期涨跌有很多随机因素在干扰，没有太多必然性，你就没有那么在意了。当你知道，长期来说，股价的涨跌是由上市公司的盈利水准决定的，你的注意力就转向基本面，不再聚焦短期股价了，自然也就没那么动心了。这就是理性的作用。

2016 年，在每日期刊公司（Daily journal）的年会上，查理·芒格说："理性意味着放弃一些东西，试试理性的反面，嫉妒、愤怒。虽然嫉妒和愤怒都没什么用，但有的人却沉浸其中，生活当然一团糟。自怨自艾改变不了任何事情，把这些情感从你的生活中赶走吧。"

Being rational means you avoid certain things. Try the alternatives. Try jealously, try anger. They don't work. Yet some people wallow in those feelings, and of course it's a total disaster. Self-pity is not going to improve anything. Get self-pity out of your repertoire.

贪婪，是难以避免的人性。如果想买在最低点，卖在最高点，那就过分贪婪，不理性了。恐惧，也是与生俱来的人性。在次贷危机爆发之初，感到恐惧而离开市场，这也是理性。所以，贪婪和恐惧，都是人性的组成部分，不一定理性，也不一定非理性。理性是独立于其他感情之外的人性的组成部分。

2019 年，在每日期刊公司的年会上，查理·芒格说："你得始终衡量自己能做到什么，别人能做到什么，你需要始终坚定地保持理性，特别是避免自我幻觉。"

I think you've got to constantly measure what you

achieve against other people of achievement, and you have to keep being determinedly rational, and avoiding a lot of self-delusion.

　　与其说股市投资是反人性的，不如说股市投资需要的理性特别强大。美国经济学家席勒写过一本书《非理性繁荣》。这本书的标题给人的印象是股市是非理性的。诚然，股市中有很多非理性的现象，比如以赌博的心态追涨。2019年二三月份，东方通信的炒作就是一种非理性的炒作。投资者如果要追求这种机会，那么是用不上理性的。然而，非理性并非股市的全部。绝大多数时候，股市还是理性的，大量理性的投资机会等待投资者去发掘。请让理性的光芒照射到投资者所关心的股票吧！

　　尽管非理性的树偶尔也会开出鲜艳的花朵，但查理·芒格更加愿意把时间与精力用来浇灌理性的、能结出许多果实的树。

　　2020年2月，在每日期刊公司的年会上，查理·芒格分享了保持理性思考的好方法。查理·芒格常用的一个方法是逆向思考，即凡事反过来想。如果有人请查理·芒格帮助印度的话，他会想如何才能损害印度，并想方设法不做这些事。查理·芒格通过收集错误判断的例子，考虑怎样避免得到这些下场，从而得出正确判断。他经常说："我只想知道我将来会死在什么地方，这样我就可以永远不去那里啦。"

All I want to know is where I'm going to die, so I'll never go there.

不独股票如此，生活的方方面面也一样。理性不用的时候，则与万物同归于寂静黯淡；一旦调动，就请让那人性中最宝贵的部分——理性之光立刻明亮起来吧！

二、投资需要庄严感

查理·芒格在《人类误判心理学》中提道："人类的大脑天生就有一种尽快做出决定，以此消除怀疑的倾向……人类通过尽快做出决定来消除怀疑的倾向十分明显，所以法官和陪审团必须采用抵制这种倾向的行为。这里，决策之前的延迟是强制的。"

The brain of man is programmed with a tendency to quickly remove doubt by reaching some decision...So pronounced is the tendency in man to quickly remove doubt by reaching some decision that behavior to counter the tendency is required from judges and jurors. Here, delay before decision making is forced.

越是庄严、神圣的事情，越能让人认真对待，慎重考虑，谋定而后动。

走近法院，看到门口两侧威严的、貌似石狮子的獬豸

（xiè zhì），看到高悬着的庄重的国徽，人们的心自然郑重起来，腰板都不自觉地挺直，一股敬畏感油然而生。

在平常生活中，烹饪也可以叫"炒菜"，但是叫"炒菜"就失去了庄重感。为何职业技术学院的"烹饪系"不叫"炒菜系"呢？在日常工作中，解聘也可以叫"炒鱿鱼"，但是叫"炒鱿鱼"就失去了尊严感。在二级市场上，投资也可以叫"炒股"，但是叫"炒股"就失去了庄严感，容易变得随意化、随性化、散漫化，也就容易亏损。

专业的投资者之所以能做得相对好一点，不仅因为他具有专业的知识，而且因为他面对的是庞大的、他人托付的资金，从内心深处就有一种庄严感、责任感。单单这点就足以让他战胜绝大多数散户投资者。

为什么银行的员工要西装革履呢？一方面是给客户传递庄严感，另一方面也是提醒自己的内心要有一种庄严感，从而做事情更加专业、有效率。有一些互联网创意公司、艺术设计公司在着装方面却毫无要求，甚至让大家穿得随意一点，是为了激发创意。

投资不是一种需要创意的工作，而是一件需要严谨、细致、耐心的工作，是需要衡量风险和收益的，需要精密计算的，所以投资是需要庄严感的。

> 如果把投资看作一种娱乐消遣，而你从中得到了乐趣的话，那你可能并没有赚到什么钱。
>
> —— （美）索罗斯

生活需要一点仪式感，投资需要一点庄严感。聪明的投资人，请在下一次股票交易之前，沐浴更衣，焚香三拜。

三、不求速效，且更从容

合伙人欧森评价查理·芒格道："多亏芒格从旁推动，巴菲特买进可口可乐这类永远都有价值的特许权企业，这与芒格经营自己人生的方式不谋而合，即不求迅速的胜利，只求长期的成功。"

查理·芒格不求速效。他认为，耐心等待对投资者有帮助，然而大多数人都处于迫不及待的状态。

It's waiting that helps you as an investor, and a lot of people just can't stand to wait.

1. 欲速则不达

咸丰七年（1857年）九月初八，曾国藩给围攻江西吉安的弟弟曾国荃写信，嘱咐他三件事，其中一件就是"不求近功速效"。同治二年（1863年）十一月，曾国藩又写信嘱咐曾国荃要"天怀淡定，莫求速效"。

曾国藩一贯讲究不求速效。当今社会，日新月异，更迭迅速，能够快速有效，不是很好吗？话说时间就是金钱，效率就是生命啊！其实，曾国藩的逻辑是这样子的：大事业的成功，不是人力所能控制，更多还是取决于运气。往往努力的人不是成名的人，成名的人却又不是享福的人。

"古来大战争、大事业，人谋仅占十分之三，天意恒居十分之七。往往积劳之人非即成名之人，成名之人非即享福之人。"

所以曾国藩常劝导他的老弟，遇事只需努力做，不要急于求成，甚至能不能成功都不必太介意。不仅不求速效，而且连有没有效都不求。尽人事而听天命，可以说是非常淡泊了。

2. 揠苗助长终坏事

《孟子·公孙丑上》通过"揠苗助长"的寓言讲了个简单的道理。急于求成，就像揠苗助长。就算把禾苗拔高了又如何？违背了天道和自然规律，最终也只能以枯萎收场。

宋人有闵其苗之不长而揠之者……其子趋而往视之，苗则槁矣。

揠苗助长的故事人尽皆知，但是很少有人注意到故事中强调的重点：很少有人不拔苗助长啊！

天下之不助苗长者寡矣！

HOW
TO
INVEST

Learn from
Charles
Thomas
Munger

009

有些抱着"炒股票"心态的人，绞尽脑汁盯着大盘此起彼伏，希望有朝一日在股票市场一夜暴富，从此土鸡变凤凰，这也是违背了自然规律。也许有幸一两次买到了暴涨的股票，但如果一直抱着这种炒作的心态，炒着炒着，锅里的"炒饭"就煳了，迟早会受到自然规律的惩罚。

还记得曾经风光无限的号称"涨停敢死队总舵主"的徐翔吗？从营业部成名，到公开发行阳光私募产品，创造了一个又一个资本市场奇迹。然而，没想到，他却是利用内幕消息和操纵股价等违法手段获取暴利，最终身陷囹圄，令人唏嘘！而那些被他操纵过的上市公司如大恒科技、华丽家族，就跟霜打的茄子一样，股价十年没有增长。

大恒科技原来的总工程师宋菲君告诉《中国经济周刊》："他们完全违背企业发展的规律，凭空臆想提出太高的财务指标，强求大恒在很短时间内要翻几番……他们满嘴都是资本，他们就觉得资本是万能的。"

3. 结语

当然，大多数股民是不会因为操纵股价而走向犯罪的，毕竟自己的钱不是大风呼呼刮来的。他们是善良的，只是急于求成罢了，可以理解。曾国藩的好朋友郭嵩焘就是一个善良但是急于求成的人。因为郭嵩焘办事太着急，经常得罪人，有些事情就办不下去，所以曾国藩送他一副对联：

好人半自苦中来，莫图便益；
世事多因忙里错，且更从容。

不妨问一下那些有十年以上股场拼杀经验的股民，这十几年天天追涨杀跌，能跑得过一直持有茅台不动的投资者吗？十年十几倍，厚积薄发。

证券投资者就像扫地僧一样，你若急躁，便尘土飞扬，缥缈虚幻，扬一身灰；你若平心静气，则万事通透，小有所成。

四、重大决策宜慢不宜快

查理·芒格可以接受糟糕的结果，因为有些因素是自己无法掌控的，而准备不足与仓促决策是无法原谅的，因为这些错误是可以人为避免的，所以他花在决策上的时间比花在行动上的时间多。查理·芒格说："如果你把我们15个最好的决策剔除，我们的业绩将会非常平庸。你需要的不是大量的行动，而是大量的耐心。你必须坚持原则，等到机会来临，你就用力去抓住它们。"

If you took our top fifteen decisions out, we'd have a pretty average record. It wasn't hyperactivity, but a hell of a lot of patience. You stuck to your principles, and when opportunities came along, you pounced on them with vigor.

HOW   Learn from
TO   Charles
INVEST Thomas
        Munger

011

朋友狄克·艾斯本思赫德评价查理·芒格道："查理的自信来自他以异乎寻常的精力去研究、分析、评估和决策的过程。他知道他也许不会永远都是正确的，但正确的概率很高，因为他的这个过程非常严谨、非常现实。"

虽说天下武功唯快不破，但做事情太慢，真的是缺点吗？我认为，对于决策者来说，慢通常是一大优点。

1. 决策与执行之快与慢

决策和执行是做事情的两个环节，风格却不一样。决策宜慢不宜快，执行宜快不宜慢。比如，下棋是决策的游戏，执行被简化为落子。不管是象棋还是围棋，有没有见过高手过招快如闪电的手法呢？几乎没有！在马路边观棋，如果看到双方神思敏捷，手法干练，棋手弹指一挥，落子"砰"的一声，那种杀伐的快感，想必棋手十分享受。即便输赢无关，那个气场也是杠杠的，引得旁人一片喝彩。

我也算是象棋业余界的中高手，但是如果思考不透彻，下得很快，那就和低端玩家没什么区别。为什么？要是不仔细分解对手的小心思，以后我怎么能在业余界的中高手段位混下去呢？曾国藩是个棋痴，即便没有人跟他下棋，他也会自己摆上棋盘，左手右手都用慢动作，和自己较量一番。有一段时间，曾国藩还想戒掉下棋，但折腾了半天也没能如愿，一见到棋盘手就痒痒的。也许下棋和他的军事决策有暗合之处吧，都需要拆解各种可能。"轻诺者必寡信"，轻易许诺的人，也是轻易决策的人，必然会犯更多的错，也就容易失信于人。当然，对于"追风少年"送盒饭送快递之类的事，属执行范畴，太慢是不行的。

2. 成大事需儒缓

战争年代，突发事件比较多，人们往往比较警觉，对外界的反应很敏感。行军打仗，旌旗招展，硝烟四起，人心很容易受到外界干扰，一句话不爽就要干架。在那种年代，缓慢决策是一种很稀缺的品质。

和平时期，对决策者来说，儒缓这种品质，更加值得发扬光大。急躁的结果呢？效果不佳。反观这四十多年的改革开放，循序渐进谋发展，摸着石头过河，反而取得了举世瞩目的成绩。同样都是搞建设，差距怎么就这么大？值得深思。

事实证明，越是做大事，越要缓。

3. 硬朗地活着的诺基亚

对企业高层来说，失误往往来自头脑发热后的盲目扩张。诺基亚普遍被认为错过了智能手机的时代，而给了苹果手机机会。有这么一个笑话，诺基亚要坐高铁去抢占手机市场的，没想到搭错车了，坐上了绿皮。尴尬之余，苹果笑了，我坐的是动车。三星很扫兴，动车竟然晚点了。华为一愣，我说在天上怎么没看到大家。谈笑之余，还是有一定道理。即便如此，诺基亚这种因为对外界反应较慢而放慢发展速度的公司，毕竟它还活着，而且活了很多年。而大量的民营中小企业因为投资太快，导致资金链断裂，根本没有生存的机会！2018 年以来，在金融去杠杆的背景下，大量的公司因为高负债率、高质押率、股价暴跌或者借不到款而不幸关门，落得一穷二白的局面。

4. 结语

对于二级市场投资者来说，企业不可貌相，投资不能斗量。能赚钱的股票恰恰是那些历史悠久的看起来有些古老有些儒缓的公司，比如贵州茅台、福建片仔癀等。这两年，频繁拉涨停的所谓市场嗅觉灵敏的投资者，不是亏损惨重就是被罚惨重。在一轮熊市中，那些抄底不够缓慢的、过于着急的投资者们，大多被套在半空中不停地晃荡，也只能生死由命富贵在天了。儒缓，何其珍贵也！

五、耐心耗着

查理·芒格曾经这样批判一些没有耐心的人："你觉得自己不够积极，你觉得没有用，所以你做一些愚蠢的事。"

You don't feel active, you don't feel useful, so you

do something stupid.

生活和投资中最重要的过程之一就是耗着。

买了一只好股票，你得耗着才能赚到钱。得了感冒，吃了感冒药后，也得耗着，才能痊愈。不能指望感冒在下一秒、下一分钟就能痊愈，怎么着也得睡一觉起来才能好。新细胞生长起来淘汰旧细胞，需要一定的时间。只要没吃错药，耗着耗着感冒就好了。甚至不吃药，只要时间够，简单地耗着，也能自愈。

随着时间的流逝，不仅生理上的伤口会慢慢愈合，心理上的创伤也会愈合。好了伤疤忘了疼，说的不正是这种心理规律吗？一些曾经让人火冒三丈的事，让人觉得是原则性问题不容争辩的事，都随着时间的冲刷而变淡了。年长的人常说："年纪大了，看开了。"没错，时间抹平了内心的波澜。

人为什么没有三岁前的记忆？精神分析理论认为，当婴儿离开子宫降生到充满嘈杂、饥饿、寒冷和呼吸困难的世界时，会引起创伤。这种创伤就是分娩创伤。个体在回忆重大创伤时，会不自觉地抑制或阻碍回忆，借此防御痛苦体验的再现。精神分析理论把这种防御行为称为屏蔽记忆。时间之河不断流动，人类基因屏蔽了人脑对创伤的回忆。

在练习某项技能或某种运动过程中，如果怎么也练不好，心情就会很烦躁。在这种情况下，哪怕不断地给自己积极的心理暗示，不断地强迫自己去练，也只能是事倍功半罢了。如果暂且放下，过一段时间再去练习，往往效果不错。工作时间越长，不一定效果越好。时间不等于工作时间，时间就是纯粹的时间。

路遥知马力，日久见人心。时间长了，遥了，久了，就可以识别人心。有时候，不做任何事，不一定是愚蠢。在很多积极进取的人看来，曾国藩是谨小慎微，司马懿更是徒耗生命。而其实司马懿和曾国藩，都和查理·芒格一样，懂得耐心耗着，做时间的朋友，是人生的最终赢家。

六、你生活在什么样的时间尺度中

查理·芒格买入股票并不是想着明天就卖出，也不是想着明年就卖出，甚至不是想着5年后再卖出，而是用很长的时间尺度来看待投资，最好永远不用卖出。2019年，查理·芒格在每日期刊公司年会上说道："我善于挑选，别人比我更会退出。我追求的是永远不必退出……有些投资方式在不断退出的情况下运作良好，只是这不是我的强项。我不擅长退出，甚至不喜欢找出口。我选择持有。"

I mean I've been a good picker. But other people know more exiting. I'm trying never to have to exit…I think there are working styles of investments that work well with constant exits. It just hasn't happened been my forte. So I'm no good at exits. I don't like even looking for exits. I'm looking for holds.

截至 2019 年 12 月 19 日，在过去十年中，茅台的股价涨了十多倍，其中有八年是上涨的，有两年是下跌的。如果投资者一年看一次股价，则有 80% 的概率是高兴的。如果以季度为尺度，每个季度看一次股价，则只有 68% 的概率是开心的。如果以天为尺度，茅台只有 51% 的概率是上涨的，也就是说哪怕持有茅台这样的大牛股，投资者开心与不开心的概率几乎是一样的。

在选择了某只股票后，要学会生活在适当的时间尺度里。选错了时间尺度，就是在给自己找烦恼。

在普通的物理学上，所有物体都符合惯性定律，但是这也取决于观察的尺度。如果观察的尺度足够小，用量子显微镜去观察物体，则在量子世界并不存在惯性定律。物理学家海森堡告诉你，有个测不准原理。

在股票投资领域，时间尺度不能太短，如果实在太短，比如以分钟为观测尺度，股票的价格也是测不准的。所以索罗斯的基金叫"量子基金"。在股票投资上，这种"精益求精"还真不是个好事。当然观察股票的尺度也不能太长。如果用一百年后的结果来评价股票，那也是没有意义的。因为大多数人一百年后都不在了，哪怕再好的公司都不知道三十年后会怎么样。

投资与生活的时间尺度略有不同，但又有共通之处。曾子曰："吾日三省吾身。"曾子的时间尺度是日，他反省的是自身修养，而不是股票价格。如果他以分钟为时间尺度，那可能分分钟抑郁。如果他三十年才反省一次，那……曾子只有一次机会。

唐诗《悯农》"春种一粒粟，秋收万颗子"。农民的时间尺度是季。如果把时间尺度定为天，每天去田野看看禾苗长大了没有，没看到长大就会心里着急，忍不住去揠苗助长。

对于难以攻克的城市，曾国藩的时间尺度不是一两天，不是一两个月，而是一两年，所以曾国藩有战略定力。

人需要有时间尺度的意识，让自己生活在适当的时间尺度里。不过，知道与做到之间隔了好几个太平洋，知易行难。篮球运动员都知道要卡位，但是只有熟练的运动员才能做到，不熟练的运动员可能一上场就惊慌失措，忘记了卡位。

两个人会为鸡毛蒜皮的事情吵架，是因为他们忘记了时间尺度。任何一件小事放进人生的长河中，都是很不起眼的。在以前觉得苦恼的一些事情，如今回头看都觉得："咳，没什么大不了的，当初怎么就这么纠结呢？"一壶浊酒喜相逢。古今多少事，都付笑谈中。

由于心理规律的影响，人们经常会错配时间尺度。部分价值投资者基于一年的时间尺度去买股票时，心情总是随着每日股价的波动而起起落落。时间尺度一错配，可能一郁闷一手一抖就把股票给卖了。卖了之后，等股价涨起来了，又吃不下饭了。这减肥效果真是杠杠的。如果把时间尺度规划好了，不妨坚定不移地走下去。一天、一周乃至一个月的股价下跌又如何，我心不动。

智者具有时间尺度的意识，能用更长的时间角度来看待事物，能搭配好时间尺度，拥有潇洒的人生态度。淘宝连续亏损了六年，京东亏损了十二年，亚马孙亏损二十年。马云等人生活在适当的时间尺度里，所以才有了他们如今的商业帝国。把握好时间尺度，眼下的细枝末节再不会耗费自身过多的精力。在时间面前，不论是投资还是生活，因果都无处遁形。

青山依旧在，几度夕阳红。

七、司马懿的时间尺度

司马懿是三国时期著名的政治家，也是著名的寿星。他活到了 72 岁，熬走了刘备和诸葛亮，熬走了曹操熬曹丕，熬走了曹丕熬曹睿，熬走了曹睿熬曹爽，堪称三国时期的"熬败"，硬是耗成了人生赢家。

2019 年 2 月，当全球性财经有线电视卫星新闻台"消费者新闻与商业频道（CNBC）"记者问及幸福长寿的秘诀时，查理·芒格说，不要有太多妒忌，不要有太多怨恨，不要过度消费，遇到麻烦也保持乐观积极，跟信赖的人在一起做该做的事，这些简单的规则都能让你的生活变得更好，这些道理都太老套了。

You don't have a lot of envy. You don't have a lot of resentment. You don't overspend your income. You stay cheerful in spite of your troubles. You deal with reliable people and you do what you're supposed to do. And all these simple rules work so well to make your life better. And they're so trite.

　　查理·芒格已经 97 岁了，其长寿秘诀总结一下就是，想长寿，关键要有个好心态。1800 年之前的 70 多岁至少相当于现在的 100 岁，司马懿能够在当时活到 70 多岁，虽然比不上孙思邈、张三丰那些活神仙，但是也相当于现在的百岁老人了。当时的医疗条件非常差，更何况司马懿所处的是非常危险的宫廷斗争和战场，长寿难度更加大，心态就更重要了。

　　《晋书》记载，东汉建安六年（201 年），曹操听说司马懿很有才干，就派人征聘司马懿到府中任职。司马懿不愿屈节在曹操手下，便说自己有风痹症，起居不便。曹操派人夜间去刺探消息，只见演技派司马懿躺在那里，一动不动。

　　　　不欲屈节曹氏，辞以风痹，不能起居。魏武使
　　人夜往密刺之，帝坚卧不动。

　　此后，司马懿经常卧床不起，偶尔起来走一走，还一瘸一拐的。面对曹操时不时的抽查，司马懿时常装病，这一宅就宅到建安十三年（208 年）。

　　打仗的时候，司马懿的心也挺宽的。《晋书》记载，魏青龙二年（234 年），诸葛亮派兵在魏军营前开启了"骂街"模式，但司马懿坚守不出，坚决做一个宅男。诸葛亮使出了激将法，派人给司马懿送去妇人头巾及首饰之类的东西，意思就是说你司马懿跟个娘们似的。

　　　　亮数挑战，帝不出，因遗帝巾帼妇人之饰。

在古代的男权社会，这关乎男人的颜面，是极大的羞辱。要是再不出战，别说蜀军会继续指着司马懿骂娘们了，魏军可能都会戳着司马懿的脊梁骨说他是缩头乌龟。面对如此羞辱，前敌总指挥司马懿非常生气，假装要出战，写了一封奏折，向皇帝请示该不该出战。这种把戏被自己的对手诸葛亮看穿了。诸葛亮说，司马懿本来就没有应战的打算，他之所以要坚决请战，只不过是向其士兵表示为将帅的勇武罢了。将在外，君命有所不受，如果他能制服我们，何必到千里之外请战呢？

> 彼本无战心，所以固请者，以示武于其众耳。
> 将在军，君命有所不受，苟能制吾，岂千里而请战邪！

《三国志》记载，司马懿见到诸葛亮派来的使者后，也不谈交战的问题，只是询问了诸葛亮最近的睡眠、饮食等情况。使者回答说，诸葛亮早起晚睡，对于二十杖以上的惩罚都要亲自阅批，每天吃得也不多。司马懿表示，看来诸葛亮命不久矣。

> 宣王见亮使，唯问其寝食及其事之烦简，不问戎事。
> 使对曰：“诸葛公夙兴夜寐，罚二十已上，皆亲览焉；
> 所啖食不过数升。”宣王曰：“亮体毙矣，其能久乎？”

缩头乌龟又如何？在漫长的时间流淌中，乌龟匍匐着，感受着外界的变幻，偶尔睁开精明的双眼，静享时间带来的芬芳。司马懿清楚地知道诸葛亮耗不过自己，只要自己坚守着，粮草耗尽的蜀军一定会退兵。就这样，司马懿最终把诸葛亮耗走了。

有些人认为司马懿这些都是装出来的。其实，如果没有一个好心态，完全靠装是装不出来的，也是装不像的，越装只会心里越难受，对健康是不利的，所以司马懿是真正心态好。如果说他是影帝，至少他有一种把生活当成一场戏的心态。

魏景初三年（239年），八岁的曹芳即位，司马懿与曹爽共同辅政。八年后，曹爽软禁郭太后于永宁宫，独揽朝政。司马懿无法制止曹爽，于是他干脆装病不参与朝政。当时河南尹李胜在去荆州赴任前拜访了家乡大腕司马懿。司马懿假装病重，拿衣服时衣服落地，用手指自己的口表示口渴。婢女送来粥，司马懿只是伸头去喝，粥都流出沾在胸前。司马懿使尽力气说，你在并州守着，并州接近胡人，要小心一点，以后恐怕没有见面的机会了，我把儿子司马师与司马昭托付给你。李胜说，我要去的是荆州，不是并州。司马懿装傻道，哦，你是刚到并州。李胜很无奈地再次表示，是到荆州。司马懿又说，我年纪大了不知道你在说啥。"年老意荒，不解君言。"

李胜告别司马懿后，向曹爽汇报："司马公已像尸体一样，卧床不起，只有残余之气，形神已经分离，不值得忧虑了。"于是曹爽等人对司马懿未加戒备。魏嘉平元年（249年），即两年之后，司马懿这位有气无力的病人，趁曹爽与曹芳出城扫墓，发动政变，杀了曹爽等人，把军政大权抓到自己的手中。曹爽做梦也没想到，奔"七"的司马懿竟然会这么耐心地装病跟他们耗着。

司马懿通过一个"宅"字，避免了政治形势不明朗的被动，韬光养晦，使对手放松警惕，用 72 年的超长待机功能把一个个对手都熬过去了。无独有偶，清代末年的曾国藩知道自己缺乏急智，兵法谋略不如对方，于是通过一个"耗"字，耗死了太平天国。司马懿和曾国藩都耗得起，看得比较长远。

比尔·盖茨在其著作《前方之路》中写道，我们总是高估今后一两年内将要发生的变革，总是低估未来十年将要发生的变革。

在股市上，散户投资者往往比较急功近利，耗不起，机构投资者往往看得比较长远，耗得起。最终得利的，还是以机构投资者为主。2020 年 2 月 3 日，中国股市继 2015 年股灾以来，再一次出现千股跌停的局面，一共有 3000 多只股票跌停。然而就在这一天，沪港通有接近 200 亿元的资金流入中国 A 股。这充分反映了两地资金的不同性格。A股由于散户比较多，情绪化比较严重，看中的往往是一个月、一个星期甚至一天的行情。而国外的机构投资者比较多，能够理性看待疫情对经济和股市的冲击，看得比较远，所以他们来抄底了。

2020 年 2 月，新型冠状肺炎病毒疫情严峻，很多人能够学习司马懿，做起了宅男，跟病毒耗着。这是非常明智的。一方面，这有利于减缓疫情在全国的扩散；另一方面，人们能得到充足的休息，收拾心情重新出发。在股市上，投资者也要学习司马懿，看得更长远，活得更久，才能赚得更多。中国人民一定能战胜新冠肺炎病毒。到时候卖油条的继续卖油条，卖包子的继续卖包子，无所事事的继续无所事事，世界一定会太平。病毒导致的不理性下跌，为长线投资者提供了难得的买入机会。

八、乌龟赞——献给广大宅男宅女

乌龟是一种很佛系的生物，生活在比较长的时间尺度内，看得比较长远。如果有什么搞不定的事，那就晚点再说。如果天气太冷或太热难以生存，那就冬眠或夏眠，睡一觉起来，翘首望去，这世界，又是一片阳光明媚。

作为有房一族，坚硬的龟壳就是乌龟的避风港。当危险袭来，乌龟躲进小楼成一统，管他冬夏与春秋。外面敌人不能一直等着，不能为了一顿早餐而等上三天三夜，而乌龟还可以睡个懒觉再起来，白驹过隙，忽然而已。

在工作和生活中，有人建议有时做一下"缩头乌龟"也无妨。一日，寒山问拾得："世间有人谤我、欺我、辱我、笑我、轻我、贱我、恶我、骗我，如何处治乎？"拾得说："只要忍他、让他、由他、避他、耐他、敬他、不要理他，再待几年你且看他。"

"再待几年你且看他"，这句话同样适用于股票投资，生动地表明了长线价值投资者的态度。什么股灾，什么千股跌停，什么激动人心的大事，在时间的长河里，最终都会像薄雾一样被太阳蒸融，像青烟一样被微风吹散。耐得住寂寞，等得来繁华。小水常流，则能穿石，长线投资者往往是龟兔赛跑这场投资比赛的最终胜利者。

一时的落后并不全然可畏，一时的领先也不尽然可喜。在寓言中，兔子仗着自己跑得快的先天优势，时不时在路上喝个下午茶再打个盹，结果被乌龟给超过去了。听起来，这似乎是兔子不够小心所导致的。只要兔子小心一点，就能跑赢乌龟。然而在寿命这件事上，兔子再怎么小心都跑赢不了乌龟。如何做到长寿？乌龟的长寿秘诀绝对不是"生命在于运动"，而是顺应自然，与世无争，能不动就尽量不动，以不变应万变。

俗话说，千年王八万年龟，百年兔子没人追。兔子天性胆小，突然受到外界很大的刺激会被吓死。相比之下，乌龟就淡定许多了。在2012年欧洲心血管病年会上，德国科学家将动物的心率与寿命进行了对比，发现心跳越快寿命越短，心跳越慢寿命越长。兔子心跳速率为每分钟180—250次，而乌龟每分钟只跳20—30次。心跳周期决定了生命周期，生命周期决定了待人处事的周期。如果没有鲜活的生命，一切不过是过眼云烟罢了。

乌龟呼吸时，口腔下方一升一降，头、足一伸一缩，肺也就一张一收。乌龟这种"龟息"令主管呼吸的脑干神经得到充分进化，从而促进长寿。武当道家修炼的龟息功就是模仿龟的一种腹式呼吸方法。腹式呼吸对人体十分有益，其有一个简单易操作的方法就是"闻花香"，即想象自己身处鲜花前，细嗅鲜花的芳香。

在这个世界的某个安静的角落，肯定有一只乌龟披着坚硬的铠甲，在缓缓地呼吸着，等待着，时而睁开朦胧的双眼笑看花开花落，云卷云舒。

1986 年，查理·芒格在哈佛学校毕业典礼上阐述了要如何才能过上痛苦的生活。他说，要反复无常，不要虔诚地做你正在做的事……养成这个习惯，你们将会永远扮演寓言里那只兔子的角色，只不过跑得比你们快的不再只是一只优秀的乌龟，而是一群又一群平庸的乌龟，甚至还有些拄拐杖的平庸乌龟。

First, be unreliable. Do not faithfully do what you have engaged to do...Master this one habit and you can always play the role of the hare in the fable, except that instead of being outrun by one fine turtle you will be outrun by hordes and hordes of mediocre turtles and even by some mediocre turtles on crutches.

在华为 2013 年年度干部工作会议上，任正非表示，华为就是一只大乌龟，二十五年来，爬呀爬，全然没看见路两旁的鲜花，忘了经济这二十多年来一直在爬坡，许多人都成了富裕的阶层，而我们还在持续艰苦奋斗。任正非提出华为要学习"乌龟精神"，要通过心无旁骛地持续地艰苦奋斗赶超世界一流，追上"龙飞船"。

不管是野火焚烧，还是冰雪覆盖，乌龟以淡定的胸怀目睹着一切的世间繁华、沧海桑田。

"神龟虽寿，犹有竟时。"曹操笔下的神龟寿命虽长，却也逃不过一生的终结，只有像他这样志在千里的老马才是最后的赢家。曹操没想到乌龟最终会赢过他，就像他的谋臣司马懿，在静待时光流逝，秋去冬来，时空变幻，熬成了真正的赢家。

朱自清在《匆匆》中发问："在逃去如飞的日子里，在千门万户的世界里的我能做些什么呢？"

不忘初心，至于其他的什么都不用做，静静享受时光划过指尖的感觉。滴水穿石，聚沙成塔，慢就是快。

九、放弃赚快钱的执念

2015 年，查理·芒格在每日期刊公司年会上表示："快速致富的想法是相当危险的。我的方法是慢慢致富，这是一个相当愉快的过程，所以我向大家推荐我的方法。毕竟，如果你很快发财，你所能做的就是被自己的员工和游艇等抢劫。然而，如果你慢慢变富，你的一生都会在愉悦中度过。"

Basically, I think the desire to get rich fast is pretty dangerous. My own system was to get rich slow. It protracts a rather pleasant process, so I recommend my system to everybody. After all, if you get rich fast all you can do is be robbed by your own employees and your yacht and so forth. Whereas if you get rich slow you amuse yourself over a lifetime.

1. 投资的舍与得

禅宗讲究化繁为简。菩提自性，本自清静，但用此心，直了成佛。

一个人来到二级市场上，看到纷繁复杂的现象，很容易被其中的细枝末节所吸引、干扰。在二级市场上，有很多投资流派，有很多成功人士，似乎有千万条道路到达彼岸。似乎每个上市公司都有它的亮点，似乎每个公司又都有风险，似乎有千百个公司可以投资。

其实，在股市投资中，最重要的是学会去粗取精，去伪存真，抓住主要矛盾，洞悉本质。一灯能除千年暗，一智能灭万年愚。任何人都无法穷尽所有的方法，不能赚尽每一分钱。成功的投资要愿意舍弃一些方法，学会放下。人生最大的痛苦在于不愿意失去。对已经失去了的，放不下。对得不到的，也放不下。对得到后又失去的，更是耿耿于怀。想要紧紧抓住，却失去更多。只有敢于舍去身上那无比沉重的外壳，才能长出一双可以飞翔的翅膀。投资方法的选择，亦复如是。价值投资还是趋势投资？量化交易还是人工选择？诸如此类的问题，都要有个了断。放下赚快钱的执念，是赚钱的开始。

2. 至拙至诚，无我无念

如果用八个字概括曾国藩、王阳明和六祖慧能的思想精髓，那就是"至拙至诚，无我无念"。

"至拙"就是把自己放在拙的位置上，不自作聪明，不求速效，坚持用最平实朴素的方法，勤奋刻苦、耐烦细致地做事，不走捷径。这具体表现在曾国藩的军事行动上，就是以"结硬寨、打呆仗"作为主要战略思想。

"至诚"一方面指的是对自己真诚，有错必改，另一方面指的是对他人真诚，懂得他人的意图，识得他人的能力。这表现在曾国藩的为人处事上，就是一种对自己"不为圣贤，便为禽兽"的严格要求，对他人宽容友爱、识人用人以团结一切可以团结的人，结成统一战线为共同理想而奋斗。这表现在王阳明的为人处事上，就是存养一颗善良纯洁、如如不动的本心，充分发挥本心的善良和力量，处理对他人的一切事务。

"无我"就是不要太把自己的个人欲望（包括权钱名色）当回事。这表现在王阳明的修心方法上，就是以抛弃、剥落为主要方式去掉心中的私欲蒙蔽，以"致良知""思无邪"，自然养得孟子所说的"浩然之气"，临事就不会张皇失措了。

"无念"就是不要对任何事情过于执着。这表现在慧能的禅宗上，就是不执着于权钱名色这些实在的利益，也不执着于空虚，甚至不执着于佛法。禅宗主张顿悟成佛，各人有各人的佛性禀赋，永远不用羡慕别人的修行和生活。禅宗向往一种"来去自由，通用无滞"的境界，大彻大悟，解脱烦恼，获得心灵自由。

如何应用"至拙至诚，无我无念"这八个字呢？举个例子，亲人生病时竭尽所能为其治疗，用正规的方法，相信科学，这就是"至拙至诚"。在治疗的过程中，也不要过于悲伤，要保持沉着冷静的头脑，才能找到最佳的治疗方案，这就是"无我无念"。

再举个开心点的例子，在做二级市场投资的时候，不打听消息、不操纵股价，要遵循价值投资的方式去做，耐心等待，至拙至诚。如果股价涨了，微笑就行了，别觉得自己就是股神，淡定点；如果股价跌了，也别耿耿于怀，投资本来就是概率事件，有一定的运气成分。亏了又如何，赚了又如何？神马都是浮云，先放下再说。

至拙至诚很难做到，无我无念也很难做到。恐怕人类历史上都找不到几个能同时做到两者的人物。虽不能至，心向往之！

十、战略上的懒惰

在查理·芒格看来，投资不在多而在精，不在勤而在稳。查理·芒格形容自己的投资方法为"坐等投资法（Sit-on-Your-Ass Investing）"，他认为："如果你因为一样东西的价值被低估而购买了它，那么当它的价格上涨到你预期的水平时，你就必须考虑把它卖掉。那很难。但是，如果你能购买几个伟大的公司，那么你就可以安然地坐下来啦。那是很好的事情。"

If you buy something because it's undervalued, then you have to think about selling it when it approaches your calculation of its intrinsic value. That's hard. But if you buy a few great companies, then you can sit on your ass. That's a good thing.

2019 年，有互联网大佬表示："那些能坚持 996 的人一定是找到了自己的热情之处，找到了金钱以外的快乐之处。"

查理·芒格热爱投资，他的勤奋毋庸置疑，退休了还坚持 996，将近百岁还坚持工作。他的勤奋建立在方向正确的基础上。

明朝崇祯皇帝朱由检也非常勤奋，假如他穿越到现代，提起 996（朝九晚九、一周工作六天），他大概会莞尔一笑："别说是 996 了，就算是 6、12、7，都不是事儿。"

1627 年，16 岁的少年朱由检被推上了帝王的宝座，接手了一个祖辈留下来的烂摊子，开始了他劳动模范的一生。自然灾害的集体爆发、赋税严重、官绅制度混乱、民不聊生、战乱四起等一个接一个的"惊喜"冲击着他复兴大明的雄心壮志。

新官上任三把火。为了治理好国家，崇祯皇帝的工作时间表排得满满的。闻鸡鸣便起床开始工作，忙碌一天也不休息，深夜还要跟大臣紧急开会，商讨治国的方针。真是起得跟鸡一样早，睡得比狗还晚。有一次，他因"偶感微恙"而临时传旨免去早朝，请了个病假，还遭到内阁辅臣的批评。被批评后的崇祯皇帝是既感激又羞愧，亲笔写了圣旨，对辅臣进行褒奖。可以说崇祯皇帝的勤奋是有目共睹的。

然而崇祯皇帝生性多疑，在一些大事上频繁改变主意，战略上过于勤奋。崇祯皇帝在位期间，他换了十九任内阁首辅（相当于宰相），还换过十四任兵部尚书（国防部长），其中七个国防部长被他赐死了（包括功劳最大的抗清名将袁崇焕）。这样的骨干员工离职率与死亡率，世间少有。与其说崇祯的治国之道是勤政，倒不如说是瞎折腾一番。

最后，崇祯皇帝落了个煤山上吊的悲惨结局。他虽然勤奋，但不够稳重，识人不清还频繁更换，朝令夕改，让为他打工的人们没有长期可靠的生活保障，仰赖他生活的明朝子民也没有从他表面上的勤政得到生活水平上的改善。这位勤奋的皇帝真是让举国上下都伤透了心。

说起勤奋，就不得不提股市中那些勤劳追寻热点题材的超短客了。今天猪肉，明天军工，后天又是 5G。他们每天都选股复盘到深夜，天天调仓换股，是名副其实的"股市运动员"。他们往往要求的不多，只赚今天这一点点，要是不幸没踩中热点亏了，明天就马上止损卖出。他们总认为这样子操作，日积月累就能赚钱。然而这种策略的结果往往是亏的比赚的多。因为你的命中率如果能做到 50%，大概能搞个不赚不亏，但若是在熊市中采取这种策略，往往大部分时候会落得个被闷杀的下场。

有一种勤奋叫急于求成，说到底，还是放不下。

十一、创新只是站在巨人的肩膀上走一小步

查理·芒格评价沃尔玛的成功时，认为沃尔玛创始人山姆·沃尔顿并没有做出什么创新。查理·芒格说："他只是照搬其他人做过的所有聪明事——他更为狂热地去做这些事，更有效地管理下属的员工。所以他能够把其他对手都打败。"

Walton invented practically nothing. But he copied everything anybody else ever did that was smart—and he did it with more fanaticism and better employee manipulation. So he just blew right by them all.

2019 年年初，任正非罕见接受外界采访。当记者问到如何看待自主创新的时候，任正非的回答令人震惊！

我从来不支持"自主创新"这个词。我认为，科学技术是人类共同财富，我们一定要踏在前人的肩膀上前进，这样才能缩短我们进入世界领先的进程。

1. 华为极高研发投入的同时，不强调自主创新

任正非做企业，更加重视拿来主义，借鉴已有的成果。当然，对科学家的创新精神，任正非还是支持、尊敬的。

当然科学家都是自主创新的，我指的是我们这种公司的工程创新……在精神上我是支持自主创新的。所有科学家的创新都是自主的，它是一种精神。

在企业工程领域，任正非觉得只有不得已的情况下才要去创新，比如未知领域、技术封锁领域。

我认为在尖端的未知上更多地强调自主创新是可以的，比如嫦娥4号，人家不给你，那你得自主……但是我们不能在低层面上强调自主创新，一颗螺丝钉你也要自主？日本、德国的中小企业很了不起，日本一个企业几十年就做一颗螺丝钉，这颗螺丝钉最大的特点就是永不松动，全世界到处高速设备、高铁、飞机全部都用这家公司生产的螺丝钉。

外界都知道，华为是一个高度重视研发的公司，据说每年销售额的10%都拿来投入研发。如何理解任正非的话呢？仔细辨别就知道，研发不等同于自主创新。研发可以是对现有的技术进行小小的改进，或者从实验室落实到规模量产，或者对若干个技术成果进行合并。

简言之，华为的研发，更多的是一种模仿，或者模仿之后的再超越。

2. 对其他企业的启发

套用林毅夫教授的术语，华为是一个典型的利用"后发优势"迎头赶上的企业。最明显的就是华为的手机业务。苹果公司推动了智能手机的诞生，华为只是众多跟随者之一。华为迅速地将通信行业的技术储备转移到手机业务，使得手机业务突飞猛进。2018 年，华为的手机业务达到了约 500 亿美元，已经占到了总收入的一半。

目前有一种观点认为，中国的后发优势已经很少，必须要自主创新。但其实，中国和发达国家在传统成熟产业上的差距还非常大。所以林毅夫教授认为，中国在许多产业上还可以通过合资、并购或到发达国家设立研发中心的方式，将发达国家的技术引进、消化、吸收，再创新。这些创新方式成本低，风险小，见效快，仍然应该继续倡导。

连华为这个中国研发实力最强的公司，都不强调自主创新，其他大多数企业还有什么资格谈自主创新呢？当然自主创新也有成功，但是成功概率并不高。

模仿、引进、学习，再创新，比自主创新更有效，更重要。这不仅对高科技企业是有效的，对于任何行业的企业都是有效的。一个开餐馆的，可以模仿更好的餐馆；一个做基金的，可以学习更好的基金；一个开超市的，可以在现有的基础上进一步扩张，不断扩张就成了沃尔玛。不管做什么行业，只有不断吸收引进其他优秀组织的成果，结合自身企业的特征，才是最有效的超越路径。

十二、索罗斯的中国门徒何以失败

　　索罗斯、查理·芒格和巴菲特都是当今世界投资界的顶尖大师。查理·芒格和巴菲特都不关心宏观经济，只靠研究公司基本面而成功，索罗斯则靠研究市场看法的变化和宏观经济而成功。前者，简单易懂好操作。后者，高风险高回报，复杂难模仿。尽管后者的学习难度大，成功率低，还是有很多人勇于接受挑战，并乐此不疲。1985年，年仅21岁的他从中国人民大学金融专业毕业。这年，同龄人马云经过两次高考落榜，正在杭州师范大学读大二。1992年，他成为中国第一家公募基金（富岛基金）的总经理。1999年，他的公司净资产高达2.5亿元，马云正在杭州湖畔花园创业。而湖畔花园的开发商就是他——戴志康。据报道，戴志康热爱哲学，曾经自称"东方索罗斯"。令人意想不到的是，2019年9月，因涉嫌挪用P2P资金，戴志康向公安局投案自首。无独有偶，另一个曾经比戴志康还风光的索罗斯门徒，最后也跌落神坛了。2004年，宁波某饭店里举行了一场婚礼。新郎收到一份特别的礼物，一尊小铜像，上面刻着五个字——"东方索罗斯"。新郎大喜，对新娘说："我的理想，就是有一天能和索罗斯对决！"这个新郎叫徐翔，曾经风光无限的"涨停敢死队总舵主"。戴志康、徐翔都是牛人，为什么最后都纷纷退场了？也许跟他们性格中的"索罗斯情结"有一定关系。不是自称"索罗斯"，就是要跟索罗斯打一架，怎么总跟这个犹太人过不去呢？也许，索罗斯这种金融天才只是用来欣赏的，压根儿就不是用来模仿的。也许，索罗斯仅仅是特殊历史时期的产物。痴迷于索罗斯的牛人尚且失败，更何况其他"中人之资者"？也许，你我皆是中人而已。在投资这条路上，追求最优必然失败，追求次优已然足够。

第二章　大巧若拙：向平实处用心

一、重剑无锋，厚德载物

2007 年，查理·芒格在南加州大学演讲时提到，爷爷很稳重，终生量入为出，所以家有余资。20 世纪 30 年代，芒格叔叔的小银行遇到了麻烦，如果没有外力的帮助将无法重新开业。芒格爷爷用了自己三分之一的优质资产拯救了那家银行。这件事让查理·芒格想起英国诗人豪斯曼的短诗：

> 我总是想着麻烦，
> 我的想法是稳重的（steady），
> 所以当麻烦来临时我早已做好准备。

1. 厚重为王者风范

梁山好汉中，出谋划策有智多星吴用，道法高超有公孙胜，武艺高强者更是数不胜数，偏偏以一个文弱书生宋江为首。

三国时期的蜀国，足智多谋者有孔明，武艺高强者有关羽、赵云等五虎上将，却以武艺平平的刘备为王。

在阴阳五行中，东方对应木，西方对应金，南方对应火，北方对应水，居中的偏偏是土。

宋江、刘备为人敦厚沉稳，土厚实，厚德可以载物。厚重，王者风范也！

2. 降龙十八掌是稀松平常的

《射雕英雄传》的主角郭靖资质平平，但是为人厚重，尊敬师长，友爱朋友，在学习上勤奋刻苦，最终成就了绝世奇功。

洪七公为什么传授郭靖降龙十八掌？据说郭靖太笨了，学不了太花哨的玩意儿。威力巨大的降龙十八掌简单易学，对于郭靖来说再适合不过。郭靖是虚构人物，他的降龙十八掌只能让人们在心里想想过个瘾。现实版的郭靖——曾国藩却是真实的，而且他的降龙十八掌人人可学。

曾国藩打仗从来没有奇谋妙计，只有结硬寨、打呆仗而已。湘军作战时，重视安营扎寨，防止敌人偷袭。湘军将领带着军队，每到一个地方，如果要过夜，必须安营扎寨。挖沟、修墙，先自我保护，再争取战争的胜利。

对于难以攻克的城市，湘军愿意花的时间不是一天两天、一个月两个月，而是一两年。花时间干什么呢？挖沟、筑墙、打桩，把城池围起来，断水断粮呗！等到战争结束时，城外的地形地貌都被湘军彻底改变了。

《孙子兵法》曰："昔之善战者，先为不可胜，以待敌之可胜。"曾国藩把这种战略思想发挥到淋漓尽致。

曾国藩的战术听起来简单无比，却使湘军攻克了一个又一个的城池，稳扎稳打，取得了最后的胜利。"大道至拙"，这四个字配得上曾国藩，也配得上郭靖。不过，打仗不仅是打仗，还要会筹备粮草，武术不仅是花架子，还得靠内力的点滴积累。都是系统工程啊！

3. 投资的降龙十八掌

拳击训练初期，一位出色的教练训练学员时，往往不急于教学员怎样去发现对方弱点并击倒对方，而是让他们先学会如何不被对方击倒，打好基础，蓄势待发。想取得胜利，就要先谨慎沉稳，等待时机，再捕捉成功机会。

互联网行业里，马化腾厚重、沉稳、谨慎、务实，像一台精密的仪表盘。

根据 2018 年年末经济观察报的《马化腾：在打造产品的道路上每一步都做到极致》报道，马化腾把自己定位为产品经理，天天在线上与下属团队讨论产品，经常有下属在凌晨三四点收到他具体到某个符号的改良建议的邮件。马化腾心有宏伟目标，遇到激进的提议，却"希望稳，长期健康地成长，不一定冲得太高，慢慢走"。

风险与收益是金融市场的两大核心概念。拙诚投资法始终把稳健放在第一位，稳健就要考虑控制风险。如何将风险降到最低，就要看管理者如何把稳健这把利剑挥舞到合适的位置。

股神巴菲特曾说过三条投资铁律："第一，尽量避免风险，保住本金；第二，尽量避免风险，保住本金；第三，坚决牢记第一、第二条。"

外行观众可能会批评一下：真是废话，戴斗笠撑伞——多此一举！作为业内人士，我就顺势点评三点：第一，非常有道理；第二，确实有道理；第三，麻烦记住前两点！

二、久经谋定不变初计

查理·芒格的合伙人路易斯·辛普森认为，芒格拥有一种最适合投资的理想性格：毫不妥协的耐心、自律、自控。无论遭受多大的压力，芒格从来不会动摇或者改变自己的原则。

不忘初心，方得始终；不变初计，守得始终。

在给李续宜的一封信中，曾国藩罕见地批评了胡林翼。对那些经过长时间谋划的决策，胡林翼每到实践中往往改变方向，缺乏战略定力。左宗棠说胡林翼多谋少断，曾国藩表示同意。

于久经谋定之局，每至临事而变其初计……德性之坚定，远胜于往年；而主意之不甚坚定，犹不免往年游移之见。左季翁谓其多谋少断，良为不诬。

必须指出，胡林翼是一个敢作敢为、善于团结人的官员。大多数时候，曾国藩和左宗棠都对胡林翼非常欣赏。左宗棠和曾国藩合不来，与胡林翼的关系却一直非常好。不能因为曾国藩在某一件事情上有些批评，就得出胡林翼是什么样的人。然而，曾国藩的这番评论，恰恰道出曾国藩本人的个性特征：特别有定力，久经谋定之后不容易改变。这句话中，"局"字值得品味一番。在曾国藩看来，事情都是一个个的局，而且是久经谋划而定下来的局。这就是一个超级稳重深沉的人心目中的事务观。

在给曾国荃的一封信中，曾国藩认为，湘军的王牌将军李续宾的秘诀是慎重，谋定而后动。

迪庵善战，其得诀在不轻进不轻退六字，弟以类求之可也。

可惜这位李将军在咸丰皇帝的多次命令之下，还是轻易进攻，孤军深入，最后战死在安徽三河镇。曾国藩也曾经表扬过李鸿章不轻易发布调度兵力的文件。

调度之檄向不轻发，发皆当于事理。

在企业的经营管理中，不可轻易改变制度，也不可轻易投资新项目。朝令夕改，会让员工无所适从，哪怕这种制度的改变是对员工有利的。这会让员工产生不稳定的感觉。轻易投资新项目，更是容易导致进入不熟悉的领域，拖垮公司。总结起来只有一句话——谋定而后动。

谋定的过程其实是两方面的：首先是多谋；其次是坚定。谋划是决策的过程，坚定是指执行的过程。坚持谋定的方向，其实并不容易。比如股市投资中，很多人随着股价波动而不断改变自己的想法，墙头草，随风倒。从组建湘军，到战安庆、拿下南京，曾国藩的坚韧不拔在湘军的军事过程中起到了决定性的作用，其精神是非常值得投资者学习的。2018年10月底，白酒股集体跌停，网络媒体上很多大神跳出来批评白酒股。这些人可能没有投资白酒股，在其他股票上亏了钱，白酒股又没怎么跌，所以出来发泄一下自己的情绪。网络社会有利有弊，其中一个弊端就是让戾气、讽刺与错误的言论传播得特别快，以至于有些白酒股的投资者的信心也摇摇欲坠。然而经过几个月的低迷，以茅台为代表的优质白酒股纷纷创出历史新高。

其实，想成为成功的长线投资者，最难做到的就是坚持。因为诱惑太多了，噪声太多了。能做到久经谋划的人并不多，能坚持到底的人更少了。查理·芒格与巴菲特的投资原则并不复杂，没有什么技术含量。这两位老爷子的伟大之处就是在非常年轻时认识到了价值投资的原则，并且用一生坚持下来。

三、一味向平实处用心

查理·芒格把投资分为三个类别：可以投资，不能投资，太难理解。他说："我们能成功，不是因为我们善于解决难题，而是因为我们善于远离难题。我们只是在找简单的事做。"

It isn't that we were so good at doing things that were difficult. We were good at avoid things that were difficult. Finding things that are easy.

1. 平凡的道理就够了

曾国藩做人做事，非常质朴平实。他在给胡林翼的一封信中写道，我最讨厌那些虚头巴脑的高深玩意，只有平平淡淡才是真。陈作梅虽然是个朴实的人，但我还是觉得他讲话太高深了。谈到你的缺点，我担心的也是你过于深邃虚渺，希望你能从平凡浅易的地方着手考虑。

> 侍近恶闻高言深论，但好庸言庸行。虽以作梅之朴实，亦嫌其立论失之高深。其论公之病，侍亦虞其过于幽渺，愿公从庸处浅处着想。

陈作梅是曾国藩的幕僚，他曾对曾国藩说："见得天下皆是坏人，不如见得天下皆是好人，存一番熏陶玉成之心，使人乐于为善云云。"可见陈作梅已经十分朴实了，然而曾国藩要求颇高，就连陈作梅这么朴实的人，他仍然觉得过于高深，不够平常。

那要如何做，才能平常到让曾老师满意呢？曾国藩认为："凡道理不可说得太高，太高则近于矫，近于伪。吾与僚友相勉，但求其不晏起，不撒谎。二事虽最浅近，而已大有益于身心矣。"不晏起，就是不睡懒觉的意思。对曾国藩来说，不睡懒觉、不撒谎这两个道理虽然浅显，却有益于身心。这个道理的确是十分朴实了！

曾经的美国首富——沃尔玛创始人山姆大叔，也是一个起得比鸡早的人。他不喜欢高谈阔论，也不太喜欢往公司里引入高科技的东西，但你说他不追求新鲜事物吗？并不是。他只是单纯地在控制成本罢了。因为他的原则就是低成本，低价格。给客户的价格，低！公司的成本，低！他追求把低成本做到了极致。不得不说，一件事做到极致就成了艺术。你以为他价格低赚不到钱，但是拦不住他成本更低，最后成为一个在经济萧条时期都能赚钱的男人。他采取农村包围城市的战略，一步步扩张，最终坐上了美国零售业的头把交椅。

山姆先生和曾国藩的故事都告诉我们，一个简单的道理虽然没什么了不起的，但你要是死磕简单的道理，磕成一种习惯，磕成一门艺术，一样可以成功。

这种时候，我又想起我读书时候的事。读书人嘛，总是喜欢钻研课本上的深奥东西，觉得自己那样特别牛，和别的凡人不一样。2002年，身为读书人的我从一位著名经济学家手里受赠了一本关于混沌理论的书。每念及于此，我都感怀落泪，这是上天在催我奋进啊！这是天赐的武林秘籍啊！那个理论十分新奇，让年少的我一直想将其应用在股市投资上，给其他人秀一波浮夸高能的走位。然而现实有点过于骨感。

理论和实践压根儿就是两码事。研究是理论家的事，而漂亮的理论往往只可远观而不可亵玩。事实证明，经济领域中的实践，用那些普通到不能再普通，简单到不能再简单的道理就够了，整那些花拳绣腿的干啥呢？

在经济实践中要取得成功，关键是坚持简单的真理。巴菲特坚持价值投资，最终就能卖天价午餐。林毅夫老师悟透比较优势理论，做得彻底，就可以出类拔萃。虽然总有些学者觉得林毅夫老师的经济理论过于朴实，不够创新，不会是诺贝尔奖青睐的对象。然而，林老师的理论虽然很朴实，但它优秀就优秀在十分朴素却实用。不仅能让普通学生容易理解，而且对社会有价值，对宏观决策有帮助。这个理论，不仅帮助非洲的某些国家脱贫致富，得到了波兰总理的高调应用，还让林老师本人长期受到中国政府的青睐。能被运用到实处，拳拳到肉，诺奖不诺奖的，也不是那么重要了。所以还是那句话，朴实到极致就是艺术！

2. 追求平淡的人生

曾国藩在这点上比查理·芒格还彻底。他不仅要求说话要平淡无奇，追求的道理要平淡无奇，而且他在做人上也没什么高目标的追求，只求一个平等、淡泊、开阔的胸襟足矣。在咸丰九年（1859 年）二月初十的日记中，曾国藩写道，要想胸襟广大，应该从"平"与"淡"二字上入手。与他人打交道时必须把自己的心态摆平；对待功利得失时必须把利益看淡薄。如此，胸怀或许会一天天宽阔。

> 日来思胸襟广大，宜从平淡二字用功。凡人我之际须看得平，功名之际须看得淡，庶几胸怀日阔。

这里的"平淡"，便是对人平等、淡泊名利的意思。

所以，总结起来，我们的曾老师就是致力于成为一个淡泊名利、说话平淡、平平无奇的人。真诚地把自己当成一个平常人、平凡人，就会说平常话，不会故作高深；把自己当成一个平常人，就不会觉得自己高人一等，也不会把自己的成绩看得过重而一直端着架子。

我们常说，炒股心态很重要。要有一颗平常心，才能在股市投资中取得成功。相信几乎每个股民刚进入股市时都会有在股市小赚一笔的经历。然而总有一部分人一获利就飘飘然了，结果容易回吐盈利亏钱，这样一来一回，心态就崩了。有些人难以适应退休生活，也是因为在职时把自己的位置摆得太高，退休之后突然人走茶凉，自然心里空落落的了。还有些社会科学的行业大佬明明发表的是很有用的观点，然而他们总是讲得过于晦涩，导致曲高和寡，无人附和，意见得不到采纳还觉得是别人不懂，殊不知，只是因为他太高深了！而且往往他们自己得不到认可就算

HOW
TO
INVEST

Learn from
Charles
Thomas
Munger

047

了，还会让一些伪学者的错误言论趁机占了便宜，祸害不浅。如果他们能学习曾国藩，把自己当成一个普通人，拥有一颗平常心，讲话简单一点，姿态放低一点，就不会这样了。

因此，不论投资者、公务员还是学者，都不妨时刻谨记自己是个平平无奇的人，平常心做事，对事情的结果都会有所帮助的。那如果你本来就是一个平凡的普通老百姓呢？那你更加应该把自己当成一个普通人，不要整天想着一夜暴富，触犯法律底线的小算盘也更别打了。坚持走在正确的行业发展的康庄大道上，向着美好的朝阳勤奋努力，机遇来了，自然会大步跨栏奔小康，生活水准越来越好。

俗话说得好："吃得苦中苦，方为人上人。"然而"人上人"这种事，往往并不是认真吃苦就能得来的。不得不承认，很多"人上人"都是继承了祖上的资源禀赋，或者直接就是靠运气，和吃得多少苦并没有一毛钱的关系。不过，人生在世，计较太多就不美好了。"人上人"这种事情我们平凡人就不要贪图，只要踏实地稳步走在光明的大道上，自然就可以走得更远了。

3. 生活就是一碗白米饭

生活就是一碗白米饭，不需要加菜。
不必妙趣横生，
不必跌宕起伏，
安全无公害就好。

无灾无难，就是幸福。

按常理思考，大道直行。

至于成败，靠点运气。

人间至味是清谈，不必欢。

群居与他人谈，

独居与书本谈。

清谈，不是为了探究什么。

一个灵魂与别的灵魂交流，

就是生活本身。

四、办大事以识为主，以才为辅

1. 常识比高智商更重要

2019 年 2 月，查理·芒格在每日期刊公司年会上表示："令人惊讶的是，伯克希尔·哈撒韦与每日期刊公司在基本的道德和健全的常识取得了巨大的成功。当人们在谈论常识时，指的是不同寻常的常识。每当你听到某人很有常识，那就意味着他有不同寻常的常识。人们都以为具备常识很简单，其实很难。"

And it's amazing how well Berkshire Hathaway, and

the Daily Journal for that matter, have succeeded with nothing more than basic morality and sturdy common sense. But of course when people talk about common sense they mean "uncommon sense". Every time you hear that somebody has a lot of common sense it means he's got uncommon sense. And it is much harder to have common sense than it is generally thought.

查理·芒格还举例说明了具备常识比高智商更重要。他说，美国加州曾有一家投资咨询公司，为了超过其他同行，让手下名校毕业的高才生都拿出自己认为最好的一个投资机会。该公司把所有最好的机会集中起来形成组合，结果却一败涂地。因为有些事情的难度会高到再聪明的人也无法解决。

查理·芒格是有见识者。就如他所说，他之所以能取得巨大的成功，不是因为比别人更精明，而是因为保持了清醒。

Of course, that's part of the reason that some of the companies that I've been affiliated with have been successful. It's not that we're so smart, it's that we stayed sane.

2. 才华与见识

人们通常崇拜欣赏才华横溢者，因为一个人的才华往往显而易见。才华，往往指某一种技巧。比如，曹植七步成诗，周瑜颇擅抚琴，吕布武艺高超，杨修能看破曹操的心思，都是不折不扣的才子。而鲁肃看着老实巴交，缺乏才华，但他懂得联合蜀国、唇亡齿寒的大道理，能够担得起伟大的战略家之赞誉。

裴松之在《三国志》注释中写道："刘备与权并立，共拒中国，皆肃之本谋。"在曹操挥军南下，百官惶恐，孙权一脸懵懂之时，天空一声巨响，鲁肃闪亮登场！鲁肃坚持东吴军队与曹军决战，劝孙权召回周瑜并联合刘备，取得了赤壁之战的胜利。

鲁肃有大局观，有长远目光，是谓有见识的人。

3. 距离产生美

天不降大任于我也，照样苦我心智，劳我筋骨。

罗永浩，锤子科技的创始人，一代网红，怀着一股对乔布斯时代的情怀创立了锤子手机，试图靠自己的才华做一个小众的工艺品级产品，一度风头无两。一开发布会就盘踞微博热搜，吸引一票死心塌地的粉丝，和方舟子唇枪舌剑，和西门子干架，换别人还真做不到呢！

要说老罗没有才华的话，我第一个不同意。实际上，他是一个很会找到宣传痛点进行网络炒作的人，是这个时代的人才！老罗的嘴皮子功夫真的不一般，发布会像在说单口相声，而才华横溢的他在这个问题上缺乏的恰恰是大局观。由于没有全局意识，没有以市场为中心，不向性价比妥协，闭门造车，造的还是辆自行车，锤子手机最终还是失败了。

看看小米，同一个时代，同样是做手机，差距怎么就那么大呢？

既要重视细节，又要有大局观，才能干成大事。所以曾国藩说，古时成就大事业的人，规模格局上的远大与管理上的精密两方面缺一不可。

古之成大事者，规模远大与综理密微，二者阙一不可。

一代天骄诺基亚，曾是手机行业的老大，有卡尔蔡司的镜头独领风骚，还有坚固得可以敲核桃挡子弹的机身。然而，拒绝向安卓系统妥协，选择了微软的操作系统，诺基亚被智能手机市场的浪潮淹没了。正所谓长江后浪推前浪，前浪死在了沙滩上！由于缺乏远见，赶不上智能手机时代的滚滚车轮，诺基亚的王位被其他"伯爵"明日张胆地取代了。

讽刺的是，把诺基亚带到沟里去的前首席执行官埃洛普不但光荣退休，他还拿到了一笔不菲的退休金，还在澳洲电信谋得了一个首席战略官的职位。澳洲电信的领导甚至高度评价埃洛普，说他具备"深厚的技术经验"以及"对用户期望的天生感觉"。

这样的一幕好像在哪儿见过？

当你离一个人很近的时候，容易被他的才华所吸引；当你和他保持距离的时候，更加客观，也更容易判别他的见识。

4. 结语

自 2019 年年初这一波牛市开启，谈论股票的人又如雨后春笋一般冒了出来。比如，有媒体讨论最近（2019 年 3 月 27 日）是否要调整了，要不要来"倒春寒"了？每一天、每一周的涨跌，放在一年半载的趋势里，都只不过是一次微不足道的小打小闹罢了。请记住，理想很丰满，现实却很骨感。能不能猜中这几天的走势，可能有一定的才华，但更多的是运气。识大体，有远见，才是真正的见识。

当趋势确立之后，那些拥有全局观念和远见的人，往往能笑看风起云涌，实现理财的最高境界：躺赢！

五、有一种品质叫耐烦

2020 年 2 月，查理·芒格在每日期刊公司的年会上感叹道："现在的年轻人都挤破了头想进金融业，都是奔着钱去的。一窝蜂地往里冲，不可能每个人都能遂了心愿。99% 的人始终是处于底层的 99%。这就是现实。"

There's so many of you now who want to be rich by going into finance. And of course, that multitude is not going to all get rich. And of course, 99 percent will be in the bottom 99 percent.

HOW
TO
INVEST

Learn from
Charles
Thomas
Munger

053

如何成为成功的 1% 呢？查理·芒格认为："在我们这代人中，有些人是另类，他们保持耐心、保持理性，最终取得了成功。他们量入为出，本分地生活。他们谨小慎微，把事情做对。当机会到来时，他们猛扑上去，一把抓住。"

That's just the way it's going to work. I look at the people in my generation who were the nerds who were patient and rational, eventually did well, who lived within their income and worked at being sensible and when they saw an opportunity, grabbed it pretty fiercely and so forth.

1. 曾国藩的启发

很多人知道，曾国藩有句名言："居官以耐烦为第一要义"，殊不知，还有后半句"带勇亦然"。耐烦，对当官很重要，对带兵打仗也很重要。曾国藩想强调的是后者。

昔耿恭简公谓居官以耐烦为第一要义，带勇亦然。

当时的曾国荃初出茅庐，带着部队驻扎在江西吉安城之外，久久不能攻进去，心情本来就有些烦躁。再者，曾国荃看不惯部队中的一些人和事，于是向哥哥抱怨说，整天和野蛮粗鲁之人相处，仰人鼻息，心里不痛快。于是曾国藩就引用了古人的说法，教导弟弟学会耐烦。

没想到一百多年后的今天，这句话被广泛流传，而且世人还把原创知识产权送给了曾国藩。

2. 企业管理和投资也需耐烦

居官之态如此，企业的经营管理亦是如此。再聊点企业经营的案例给大家听听，别烦别烦！

有些民企老板投资决策过于随意，几个人坐在一起，一桌菜，几瓶酒，上来就碰杯，酒过三巡之后，没有经过慎重的调查，迷迷糊糊就把协议给签了。这是不耐烦的表现。比如，我的一个熟人，去投资一个企业，5000万元的投资额，说投就投，就跟玩儿似的，居然没有请审计事务所去做调查。本来他抱着占便宜的心态，想着迅速抓住这个难得的机会，不料踩中一颗地雷。一招疏忽，满盘皆输，起都起不来了。

几年前，大量券商分析师，去某知名传媒企业调研，听董事长秘书一阵忽悠，再听董事长瞎侃一通生态布局。又是手机，又是汽车，又是电视，打通一个闭环。怎么怎么厉害，多么多么牛气。哎哟喂，敢情这生意好啊，居然被我撞上了，赶紧走一波，最后的结果自然是损失惨重。

没有细致调研各个项目的落地情况，没有分析现金流是否足以支撑，回来就写报告推荐。四年时间过去了，这家公司的股价跌了90%。现在（2019年4月29日），该公司已经面临退市风险。

其实，这些都是牛市期间部分券商分析师的工作常态。

不耐烦，是他们的共同特征。

3. 结语

其实做企业，做投资，都需耐烦。甚至连玩得好，都需要耐烦。旅游达人，每去一个景点，总是认真细致地做攻略。玩得开心，也是需要背后有人不厌其烦地规划！

六、老干妈辣酱拙诚至远

2007 年，查理·芒格在美国南加州大学演讲时表示："我喜欢'勤奋（assiduity）'这个词，因为它的意思是'不准离开座位半步，直到你做完为止。'我这辈子遇到的合伙人都很勤奋。"

Another thing you have to do is have a lot of assiduity. I like that word because to me it means: "Sit down on your ass until you do it." I've had marvelous partners, full of assiduity, all my life.

吃过老干妈辣酱之后，知道了创始人陶华碧的故事。聪明不可学，然细心可学，勤奋可学。

1.苦命的前半生

陶华碧原名陶春梅，出生于贵州遵义一个偏僻山村。她没有上过学，不识字，至今只会写自己的名字。就连自己的名字，还是五十岁后学会的，因为必须签字。她说，签名比剁辣椒难多了。她20岁就结婚了，嫁给一个地质队的会计，用她自己的话说，年轻时也是一朵花。虽然不识字，但是她心灵手巧，喜欢做饭，尤其擅长用辣椒做各种调料。后来，她将爱做饭、爱辣椒的优点发挥到了淋漓尽致。

陶华碧是个苦命的女人。丈夫去世时，两个孩子还小，生活的重担全都落在了她一个人身上。有人劝她改嫁，但她很要强，说要把孩子拉扯大了再说。陶华碧最早是靠卖米豆腐维持生计，后来又挑着担子卖凉粉。卖米豆腐的时候，每天磨豆腐到凌晨一两点，一大早去摆地摊。一个瘦弱的女人，背着和自己体重一样重的米豆腐，连坐公交车都被人嫌弃。

在艰难的生活中，命运已经给她做好了铺垫。辣椒、豆豉这辣酱的两大主要元素已经在她生命的血液中埋下了种子。

2.开始创业

1989年，42岁的陶华碧终于把孩子拉扯大。有了一些闲暇时间，陶华碧开始创业了。曾国藩也是42岁开始创立湘军。任正非43岁开始创立华为。作为中年人创业的楷模，曾国藩的起点最高，是礼部侍郎，副部长，还有皇上的照顾。任正非是退役的团级干部，凑了一笔数目在当时也不算小的2万元，创立华为。而陶华碧的起点是最低的，也是最辛苦的。

有些网友调侃自己工作就是"搬砖"，其实他们大都不知道搬砖的真正滋味。陶华碧女士的创业，却真正从搬砖开始。1989年，陶华碧在一所学校附近成立"实惠饭店"。这个房子就是由她捡来的砖头再加油毛毡拼凑而成的。

陶华碧本来想卖凉粉，搭配点自制的辣酱，这样客人就可以吃得更香。没想到，无心插柳柳成荫。客人看上的不是凉粉，而是她的自制辣酱。有一天，自制的辣酱用完了，店里没有客人。陶华碧出去逛了一下，居然发现别的凉粉店使用自己的辣酱，生意火爆。这给了她很大的启发。

经过几年时间的资金积累，随着自制辣酱的供不应求，周围很多人建议陶华碧以卖辣酱为主，甚至就连当地的工商局都来劝说她建辣椒加工厂。于是，似乎在众人的推动下，1996年，49岁的陶华碧招聘了40个工人，在村委会的房子里，创立辣酱加工厂，并拍了一张自己的照片贴在瓶子上，命名为"老干妈"。一个老大妈，到了跳广场舞的年纪，却要办厂创业，成了当地轰动一时的新闻。此时，距离亚洲金融危机还有一年时间。

办厂之前，当需要玻璃瓶装辣酱的时候，陶华碧找到贵阳市第二玻璃厂，希望为她的辣酱定制玻璃瓶，遭到拒绝。陶华碧只能软磨硬泡，甚至使出撒手锏：不给玻璃瓶，我就赖在这里不走了。

> 哪个娃儿是一生下来就一大个哦，都是慢慢长大的嘛，今天你要不给我瓶子，我就不走了。

玻璃厂的领导最终勉强同意陶华碧到厂里捡几十个瓶子，拿篮子拎回去。没想到，随着老干妈辣酱的销量增加，老干妈对玻璃瓶的需求也从几十个增加到上百、上千、上万个。1997 年，当金融危机席卷东南亚，很多企业纷纷倒闭的时候，正是老干妈拯救了贵阳第二玻璃厂。而现在，老干妈公司同时也是亚洲最大的玻璃瓶生产商。

3. 成功的秘诀就是没有秘诀

老干妈的成功主要得益于陶华碧的工匠精神。老干妈严格控制产品质量，比别的大多数辣酱口感更好。初期开拓市场的时候，陶华碧将辣酱放在一些单位食堂试销。由于口感好，辣酱很快就被卖光。2016 年，老干妈销售额突破 45 亿元，是中国最大的辣椒酱生产商。

据说陶华碧为了检测辣酱口感，从来不喝茶和别的饮料，以保持味蕾的敏感。有几瓶产品的盖子不严密，她就召回整批产品。从来没有一分钱投入广告，好的产品质量，是老干妈迅速打开市场的底气。不仅没有广告，老干妈就连包装都不够美观。瓶子上有个陶华碧的头像，也不微笑，仿佛是"愤怒的女人"。

在 20 世纪 80 年代，中国的辣椒酱之王是曾国藩故乡湖南双峰县的永丰辣酱。据说，曾国藩当年把永丰辣酱推荐给咸丰皇帝，清代就已经闻名全国。然而，永丰辣酱并不是一家企业的产品，而是永丰镇所有辣酱生产企业的产品。只要在永丰镇生产，都可以叫"永丰辣酱"。大量企业无序竞争，产品质量难以控制，企业品牌难以凸显。假如一家辣酱厂做的产品好，消费者品尝之后就形成了永丰辣酱好的印象，而另一家辣酱厂做得不好，马上就会破坏这个印象。以地名做品牌，注定就是不科学的。

老干妈以过硬的质量，后来居上，成为辣椒酱行业的老大，并且形成了强大的品牌形象。陶华碧不借钱，不识字，没文化，起步晚，甚至对资本市场有着很深的误解，然而就是这么个倔强、勤奋的善良老太太，以朴实的工匠精神，淋漓尽致地演绎了"结硬寨、打呆仗"的拙诚智慧。

七、大佬们不喜欢的员工

2019 年 2 月，查理·芒格在每日期刊公司年会上谈到自己的招聘要求。他说："我当然选那些知道自己几斤几两的人，而不是自不量力的人。我从霍华德·阿曼森那里学到了一个非常重要的道理。他说：'千万别低估高估自己的人。'……自大狂偶尔能成为大赢家，但我不愿一群自大狂在我眼前晃来晃去。我选择做事谨慎的人。"

Of course I want the guy who understands his limitations

instead of the guy who doesn't. On the other hand I've learned something terribly important in life. I learned that from Howard Ahmanson. You know what he used to say? "Never underestimate the man who overestimates himself."...But I don't want my personal life to be a bunch of guys who are living in a state of delusion, who happen occasionally to win big. I want the prudent person.

查理·芒格需要的是踏踏实实的人，而不是狂妄自大之辈。

2011 年，马云在飞机上写了一封内部邮件：

> 刚来公司不到一年的人，千万别给我写战略报告，千万别瞎提阿里发展大计……谁提，谁离开！但你成了三年阿里人后，你讲的话我一定洗耳恭听。我们喜欢小建议小完善……我们感恩你的每一个小小的完善行动。

不知道哪一年，有一个北大毕业生入职华为两个月，就针对公司的战略问题写了一封"万言书"给任正非。这个新员工原本以为自己的观点能够打动领导，不料，任正非批复："此人如果有精神病，建议送医院治疗；如果没病，建议辞退。"

马云和任正非都讨厌那些初来乍到又不了解实际情况就指手画脚、大言不惭的员工。

曾国藩的用人法则中有一条就是"多条理而少大言"。

他不喜欢"谈过高之理"的人，甚至说"但好庸言庸行"，意思是喜欢说普通的话做普通的事。

湘军将领李元度的好友吴士迈爱说大话，实际上个人能力并不怎么样。据记载，在投奔湘军之前，吴士迈向湖北巡抚常大淳主动请缨，在一个叫临资口的地方堵截太平军。临资口在湘江、资水与洞庭湖交汇之处。吴士迈组织了上万艘渔船，堵塞入湖口，并以木栅、石块堵塞河道。当太平军将堵塞物清理干净，杀到入湖口的时候，吴士迈跑了！从一开始的主动请缨到临阵脱逃，反差多么大！主动请缨时，吴士迈必然是胸有成竹的。然而，当成群结队的黄旗红衣的太平军手持刀枪剑戟，气势汹汹地冲杀过来的时候，意气风发的他竟然被太平军吓破了胆，逃之夭夭。一万多艘渔船全部成了太平军的战利品。后来，太平军就凭着一万多艘渔船，顺江而下，加速进攻，攻下了南京。

军事是非常质朴的事情，企业经营又何尝不是质朴之事呢？企业需要的员工是脚踏实地的，努力干活解决问题的，而不是好高骛远、喜欢夸夸其谈的。

八、褚时健的三句话

美国的查理·芒格与清朝的曾国藩，在不同的时空，不同的国度，却有着相同的拙诚精神。

中国当代广受尊敬的企业家中，最具有拙诚精神的，首推华为的任正非先生，其次是老干妈的创始人陶华碧女士，再次就是出狱后的褚时健先生。

褚老留下三句话，值得世人永远铭记。

第一，特别认真的做人做事态度。

我一直和儿孙们强调，一个人工作、过日子都要认认真真，对产品要认真，对周围的人也要认认真真。

第二，踏踏实实保证产品质量。

你要在质量上压倒别人，你要有这个能耐。无论哪一级的柑橘研究所的专家到我这里，都说全中国最好的一块橙子地就在我们这里了。

第三，真诚对待身边的人。

这些年我们的果子卖得好，除了我们产品过硬，周围人的支持也有很大关系。像早几年我们果子不成熟，没有朋友的帮忙，销售就会很成问题。

九、洽洽食品调研实录

2019 年上半年，洽洽食品实现营收 19.87 亿元，同比增长 6%；归母净利润 2.20 亿元，同比增长 28%。2019 年三季度，洽洽食品实现营收 12.32 亿元，同比增长 19%；归母净利润为 1.80 亿元，同比增长 38%。业绩增长呈现不断加速的态势。

洽洽食品业绩的增长主要是靠坚果业务的高增长推动。根据 2019 年半年报，洽洽食品的坚果类产品与葵花子产品的营收同比增长分别为 40%、14%。2019 年三季度业绩增长较前两季度明显提速，红袋瓜子保持高个位数增长，蓝袋瓜子增长约 30%，小黄袋每日坚果增长实现翻倍。为了研究洽洽食品的成长性，必须高度重视洽洽坚果在洽洽渠道上的覆盖率。在 2019 年 11 月的券商策略会上，浦来德研究员接触到洽洽食品的董事长秘书，得知目前洽洽坚果的渠道覆盖率是 30%。也就是说，洽洽坚果的渠道还有比较广阔的拓展空间，这有利于洽洽食品未来的业绩增长。

投资成功没有捷径，从每一次平凡细致的调研而来。会后，浦来德研究员走访了深圳的十几家大超市和小卖场，发现有三家是洽洽坚果没有覆盖的。据此，研究员推测深圳的渠道覆盖率已经达到了百分之七八十。作为一线城市，深圳的洽洽坚果渠道覆盖率比较高，这是正常的。那么其他城市的渠道覆盖率是怎么样的呢？如果渠道覆盖率已经达到了百分之七八十，则最具成长性的洽洽坚果的业务增长空间已经不大了。所以，洽洽食品的渠道覆盖率是否真的如董事长秘书所说是 30%，这一点非常关键。

后来，研究员委托亲戚朋友在其他二三线城市走访调查。根据反馈，大的超市都有洽洽瓜子和洽洽坚果，而小的卖场基本没有洽洽坚果。但是，这个结果来之粗糙，并不足以让我们准确计算洽洽坚果的渠道覆盖率。

为了得到更为准确的渠道覆盖率数据，浦来德研究员决定前往深圳附近的二线城市惠州展开调研。2019 年 12 月，浦来德研究员走访了惠州的惠阳区和惠城区共二十多家小卖场和超市，发现六家有洽洽坚果。研究员得出结论，

洽洽坚果在渠道的覆盖率真的如董事长秘书所说，在 30%
左右。具体走访情况，见如下表格：

惠城区						
	编号	店铺名称	有瓜子吗	有坚果吗	地址	其他
小型	1	乐美佳	有	无	惠城区螺子湖三路	
	2	美宜佳（健翔店）	有	无	惠城区螺子湖三路	
	3	OLOO	有	无	惠城区螺子湖三路	
	4	易	有	有	惠城区螺子湖三路	每日坚果包括洽洽、华味亨，洽洽定价为 5.5 元/包
	5	阿里之门	有	无	惠城区南岸路	
	6	喜洋洋	有	无	惠城区南岸路	
	7	美宜佳	有	无	惠城区南岸路	
	8	悦来悦	有	无		
	9	美宜佳（惠港加油站店）	有	有	惠城区演达大道	每日坚果包括洽洽、臻味、贪吃狐、定价均为 5.5 元/包
	10	7-eleven	有	有	惠城区演达大道	每日坚果包括洽洽 7.5 元/包，沃隆 7.9 元/包，搞活动两包 10 元
	11	美宜佳（风华世家店）	有	有	惠城区演达大道	每日坚果包括洽洽、臻味，定价均为 5 元/包
	12	快迪（风华世家店）	有	无	惠城区演达大道	
	13	快迪	有	有	惠城区演达大道	每日坚果有洽洽，定价为 5.5 元/包
	统计					13 家店均有洽洽瓜子，5 家店有洽洽的每日坚果
大型	1	大商超沃尔玛	有	有	惠城区港惠新天地	洽洽每日坚果整箱推算单个价格是 4.02、4.56 元/包、5.45 元/包；沃隆每日坚果整箱推算单个价格是 4.63 元/包

惠阳区			
编号	店铺名称	有瓜子吗	有坚果吗	地址
1	京东便利店	有	无	惠阳区开成大道北一巷
2	美宜佳（开城大道北）	有	无	惠阳区开成大道北
3	天福（惠州惠阳淡水余干店）	有	无	惠阳区开成大道北
4	喜洋洋便利店（惠阳吉利一分店）	有	无	惠阳区白云路
5	鸵鸟便利店	有	无	惠阳区崇雅路
6	U+便利店	有	无	惠阳区开城大道北一巷
7	优佳	有	无	惠阳区白云路与开城大道北一巷交界处
8	天福（好宜多店）	有	无	惠阳区白云路
其他		均无洽洽的每日坚果		

十、洽洽坚果试吃实录

一个消费品能不能畅销，品质与口味很重要。那洽洽坚果的品质与口味是否比其他坚果更加出色呢？2020年1月6日，浦来德研究员们买来了洽洽与其他品牌的每日坚果，举办了试吃活动。

为了得出更加真实可靠的答案，行政人员把洽洽与华味亨的坚果分别倒在两个盘子内，并把写了品牌名称的纸条藏在盘子底部。研究员们对坚果进行品尝并做出评价后，再查看坚果品牌。

经过一番试吃，研究员们认为，从坚果的形状上看，洽洽坚果的颗粒更加完整和饱满，而华味亨坚果的颗粒较为零碎。在口味上，洽洽坚果更加原味一些，华味亨的腰果、巴旦木更加香一些。通过外包装，我们可以看到洽洽坚果是没有添加香精色素的，华味亨有添加。总之，萝卜青菜各有所爱，洽洽坚果在形状上有优势，在口味上似乎没有绝对的优势。

在价格上，182g 装的洽洽坚果是 29.9 元，175g 装的华味亨坚果是 23.8 元。洽洽每克单价为 0.16 元，比 0.14 元的华味亨高出 0.02 元。在品类上，洽洽有 4 种坚果与 3 种果干，而华味亨比洽洽多了红枣片，且红枣片数量不少。这样看来，洽洽的价格还是略高一些。

更加饱满的颗粒和外貌，值更高的价格。更加知名的品牌，也值更高的价格。

这次活动让我们对洽洽食品增加了几分好感。

十一、洽洽坚果深圳超市调研实录

在 2020 年 1 月 6 日的坚果试吃活动上，研究员们发现洽洽坚果的生产日期是 2019 年 9 月份，比 11 月份生产的华味亨早了两个月。这是否表明洽洽的销售情况并不如人意呢？要得出一个可靠的结论，一个样本是不够的。

秉着实践出真知的精神，1 月 6 日当晚，研究员走访了深圳的十一家超市和便利店，发现七家店铺有洽洽坚果。其中，五家店铺的洽洽坚果生产日期在 2019 年 11 月份，晚于可米小子、天优、贪吃狐。在此次走访中唯一的大超市里，洽洽坚果和沃隆坚果的生产日期都在 2019 年 11 月。那沃隆坚果的销售情况是否与洽洽坚果相近呢？

为了得到更多的数据样本，研究员们继续深入调研，对比洽洽坚果与沃隆坚果的生产日期。1 月 8 日，研究员们走访了深圳大大小小的三十多家超市与便利店，发现十家店铺有沃隆坚果，十二家店铺有洽洽坚果，七家店铺同时存在洽洽坚果与沃隆坚果。在这七家店铺中，只有华润万家(珠光店)部分洽洽坚果的生产日期晚于部分沃隆坚果。研究员得出结论，洽洽坚果是较受消费者喜爱的。

在这两次深圳调研的四十多家便利店中，有十九家是有洽洽坚果的。这也说明洽洽坚果的渠道还有比较广阔的拓展空间。

经过细致调研，我们坚定了对洽洽食品近期业绩的信心。事实表明，该公司没有辜负我们的信任。2020 年一季度，在疫情的干扰下，洽洽食品依然取得收入和利润的增长，股价也创出历史新高。

十二、投资的群众路线

2011 年，巴菲特在伯克希尔·哈撒韦公司的股东大会上开玩笑称，曾经有劫机者劫持了他与芒格乘坐的飞机，并表示在处决他俩前将满足他们每个人的一个要求。芒格要求给他机会做一个关于好市多（Costco）优点的演讲，附有插图的那种。

I would like to give once more my speech on the virtues of Costco, with illustrations.

劫机者同意了，并问巴菲特有什么要求。听多了查理·芒格夸好市多的巴菲特表示："先把我给毙了吧。"

为何查理·芒格对好市多赞不绝口呢？2020年，查理·芒格在每日期刊公司年会上说道："在为客户服务方面，我特别希望我们能做得像好市多一样好。我从来没遇到过比好市多更加努力的公司，能一心一意把客户服务好。我的意思是，我喜欢这样的公司。"

When it comes to customers...My ambition is to be as close to Costco as I can possibly be. I've never been associated with a company that works harder than Costco to make sure that customers are served well. I mean, I just love success that occurs that way.

消费类上市公司的生命力来自于广大消费者的支持和青睐，未来发展的关键在民众。

1944年8月12日，在衡阳失守后，毛泽东写了一段简短的文字。毛主席写道："一切问题的关键在政治，一切政治的关键在民众，不解决要不要民众的问题，什么都无从谈起。要民众，虽危险也有出路；不要民众，一切必然是漆黑一团。"

中华民族面临的是与日寇殊死搏斗的环境，只有众志成城，才能打败日寇。抗日战争，不仅仅是军人的事情，也是老百姓的事情。如果仅仅是军人的事情，那么战争必然失败。针对国民党军队忽略动员民众的问题，胸怀大局的毛泽东讲到，一切问题的关键在政治，一切政治的关键在民众。

在当今和平时期，经济发展是生活的主题。对投资机构来讲，投资什么品种能实现资产增值呢？绝对不能单纯坐在办公室里看 k 线图，也不能单纯和投资圈的人交流，也不能单纯和拟投资的上市公司的高管交流。这些行为都是脱离生活的闭门造车，无异于当年国民党的单纯军事主义。投资机构需要深入生活的细节，经常去超市，扎根一线，关心中国大妈喜欢什么产品，关心中国年轻人追求什么。我们要和生活中无数的中国大妈和年轻人站在一起。他们喜欢什么，追求什么，我们就投资什么。

我们不能把眼光聚焦在股民或者主力资金身上，因为他们的立场是不坚定的。生活在 k 线图之外的人民群众数量更多，才是真正的人民群众，代表了社会的主流发展方向。人民群众热爱什么，什么产品就会畅销，什么上市公司就会业绩靓丽，我们就投资什么。我们的资金是人民群众所给的，从群众中来。我们也要把这些资金投入到群众热爱的产品和上市公司上去，坚定走群众路线。

我们投资的上市公司，都是广大人民群众所喜欢的接地气的上市公司。因为我们在大量的草根调研中发现，这些公司的产品受到广大群众的热烈欢迎和追捧。所以我们投资了，所以我们收获了。

曾国藩给我们启发，一个有拙诚精神的人是走群众路线的人。曾国藩海纳百川，吸引各方人才，如李鸿章、左宗棠、彭玉麟，甚至还包括李善兰、华衡芳等科学家。总之，曾国藩是一个和群众在一起的人。太平天国之所以失败，是因为洪秀全在后期一味生活在他的天王府围墙中，太平天国的政策也没有真正让人民群众得到实惠，脱离了群众。

十三、大道并不拥挤

2020 年 2 月，查理·芒格在每日期刊公司年会上说道："很明显，按我的精力和才智，本来不配取得这么大的成功。谁不想得到更多呢？我在早年时掌握了几个思维方法，后来在一生之中反复使用。我的意思是，我走大道，因为大道人少。"

I'll tell you how it happened, it's obvious that I got better life outcomes than I deserve based on energy or intellect. And of course that's an interesting process, and everybody would like more of it. Who doesn't like to get a lot more than one deserves? I stumbled into a few mental tricks early in life, and I just use them over and over again. I mean, I take the high road because it's less crowded.

小道拥挤，大道开阔，因为大道平淡无奇。在不少人挤破脑袋抄小径时，查理·芒格只是淡然自若地走在大道上，却比抄小径的人走得更快、更稳。

有些投资者听到买入茅台的建议，就会反驳说，这种人人都知道的股票，就像大众情人，还有什么预期差吗？能赚钱吗？这种反驳貌似有一定道理。然而事实上，茅台真的是大众情人吗？

2016 年，贵州茅台的股价从年初的 200 元左右一路上涨，到年底突破 300 元。此时，中金公司发表一篇研报，将 2017 年茅台的目标价定为 472 元。一些心思细腻的人产生了怀疑：涨了这么多还看多，究竟什么意思？不会是为某些大机构出货而准备的吧？

2016 年 12 月 19 日，《中国金融报》发表文章《茅台"飞天"鼓吹手真醉还是假寐》，指出：

> 中金公司放出"贵州茅台明年 6000 亿市值论"的研报，被外界质疑或为其出货"洗地"……但中期来看，股价面临调整压力。

事实证明中金公司这份研报还真是良心研报，这是最近三年茅台的绝佳买点。2017 年 4 月 18 日，茅台股价首次突破 400 元，投资者的意见分歧加大了。

2017 年 4 月 21 日，金融界网站在文章中谈及某些专业人士对茅台的看法：

> 在私募圈里，格雷资产总经理兼投资总监张可兴

一向以价值投资闻名，并对白酒等消费股颇有研究。他对金融界网站说："……目前部分白酒股肯定存在泡沫，短期已经被炒高了。"……同样认为白酒股存在估值泡沫的还有北京大君智萌投资管理有限公司董事长吕长顺。

其实，此时茅台的价格仍然是未来两年半的最低点。当茅台的股价慢悠悠地沿着上升通道走到五月底的时候，金融界网站再次发出警示。2017 年 5 月 31 日，金融界网站研究员王某发表了文章《上市公司价值观察：市值超 5600 亿元的茅台有没有高估？》。

综上所述，贵州茅台现在的股价并不便宜，蓝筹股给 30 倍估值是很夸张的……另外，茅台目前的市值边际安全不足，希望投资者介入要谨慎。

该研究员心地虽好，但茅台的股价比较叛逆，继续上升，直到 2017 年 7 月初才开始出现了一点调整。

2017 年 7 月 4 日，茅台经过连续五天的下跌，收盘于451.92 元。面对"如期"而来的调整，当天晚上《中国基金报》记者应某发表文章《还在等茅台涨到 600 元？价值派基金经理早卖了》，提醒广大投资者。文章说道：

因为早在"漂亮 50"迎来最疯狂的上涨之前，价值投资者就已经卖出了这些股票。

应该说该记者的动机也是好的，但是茅台的股价不听提醒，于 2017 年 10 月突破了 600 元。

2017 年 10 月 31 日，新浪财经转发了私募基金人士的专业看法《神农投资陈宇看空茅台：茅台现在应该卖出的六大理由》。其中一个理由是：

> 茅台主要股东包括国家队不断减持。同时，散户和部分私募陷入狂热和自我强化。情绪与走势符合见顶特征。

讲真，情绪真的看不见摸不着，茅台的股价不听使唤地继续上涨，一直涨到 2018 年 1 月初接近 800 元才开始一轮明显的调整，此时媒体和投资者对茅台是什么看法呢？

2018 年 1 月 10 日，《每日经济新闻》刊登了采访文章《但斌：贵州茅台并不贵，2018 年年底或涨到令市场惊讶》。面对记者的提问，但斌回答道："到 2018 年年底的话，大概率会涨到让大家目瞪口呆。"

此时，茅台总经理有点不好意思。在茅台集团 2018 年 1 月 23 日举行的党建工作会上，茅台集团党委书记、总经理李保芳再次谈及外界关注的股价问题。他表示："暴涨暴落，不符合茅台良好形象。"

事实证明，李保芳是茅台的股神，话音一落下，茅台股价就开始了长达一年的调整。之后，大半年的时间，媒体对茅台的关注有所降低。

2018 年 5 月，茅台的股东大会参会人数创历史新高，博了一次眼球后陷入盘整，媒体对茅台的关注也没有那么热烈了，直到三季报公布。

2018年10月底，茅台披露了第三季度报告，单季净利润同比增幅仅为3%。当天晚上，各种自媒体就开始喷茅台，其中以半夏投资李某的文章《茅台的业绩雷，和一个时代的结束》比较知名，被大量媒体转载。她在看空茅台的同时还顺便看空了其他龙头消费股：

> 龙头消费股票不再具有过去20年的攻守兼备的属性。满仓龙头消费股，躺着赢得世界的黄金时代结束了。

2018年10月29日，茅台跌停，带动了白酒股的跟风大跌，这让不少媒体成群结队地提醒股民防范风险，谨慎投资。

中国新闻社创办的中新经纬客户端发表了一篇文章《茅台罕见跌停，释放什么信号》唱空茅台：

> 财经评论员张平曾对媒体表示，随着贵州茅台股价的持续上涨，其股价已进入较深的泡沫区，若是没有后续业绩大幅跟进以及对其未来有良好预期，贵州茅台的股价也会冲高滑落。

2018年年底，茅台收于590元。离但斌所说的"涨到让大家目瞪口呆"差不多正好一年。当然但斌是一如既往的神奇，他说：

结合 2019 年销量受限的问题，我们亦相对减持了茅台的持仓。10 月份的茅台三季报严重不及预期，股票出现罕见的跌停板，我们规避了大部分的风险。

就在此时，茅台股价又开始了一轮上涨。

到 2019 年 4 月初，股价都快 900 元了！又到了媒体开始提醒风险的时候了，4 月 10 日《中国新闻周刊》的记者刘某在文章《茅台暴涨的此刻，还记得当年的暴跌吗？》中警醒读者：

在暴跌之前，茅台也经历过暴涨，其涨势和近期如出一辙。一旦跌停，小股民想跑都来不及，所以玩的是胆量和心跳……仅仅过去半年，茅台股价再次疯涨……历史只是不断轮回重复过往。

似乎有点小灵验，不久，茅台在 900 元附近调整了 1 个月，只是没暴跌。在这个神奇的国度，很多投资者虽然没有持有茅台，但是一直在等暴跌。

2019 年 5 月，茅台曝出一个新闻，茅台集团成立一个营销公司，准备帮上市公司卖一部分酒，这触动了投资者敏感的神经。5 月 7 日，《21 世纪经济报道》发文《大股东自酿利益冲突苦酒　茅台遭唱空千元目标或成空》：

至于后期削减的茅台酒配额如何分配，是否会对上市公司业绩带来冲击，尚有待于销售政策的进一步明确。只是，这一不确定性正在考验着前述增长逻辑，对于二级市场而言，显然也不是什么好消息。

媒体似乎总是格外理性的，站在上帝的视角给投资者指引着方向。然而就在 2019 年 7 月 1 日茅台再次不听指挥地突破了 1000 元，报收 1031.86 元。

2019 年 9 月 11 日茅台跌了 5%，收盘于 1069.52 元，又让媒体揪心了一把。比如，这一天《中国基金报》刊登了记者文章《茅台泡沫破灭？罕见暴跌近 5% 一天蒸发 700 亿！都在说酒价下架炒家出货》，《证券时报》发文称《降价传闻重创股价　贵州茅台量价故事还能讲多久》。

总之，在茅台股价上涨的路上有着各种警示灯。贵州茅台这只股票，根本不是什么人见人爱的"大众情人"。其不断上涨的过程，反倒是完美地诠释了"在分歧中上涨"这条心理规律。

2019 年 9 月 18 日收盘，茅台股价又回到了 1148.9 元，几乎处于历史最高位。疯狂吗？请记住，有盈利支撑的 K 线图的疯狂只是表面的疯狂而已，并不是郁金香泡沫式的疯狂。在那些造假的即将退市的股票上，每天还有几千万元的成交额，股价趴在地面不温不火，这才是真正的疯狂。

相信在未来，这个屡受打击的"大众情人"还会继续牵动诸多好心人的神经。

十四、预知未来，先看过去

2007 年，查理·芒格在南加州大学演讲时提到了解历史的重要性。他说："西塞罗有句话很著名，他说如果一个人不知道他出生之前发生过什么事情，那么他在生活中就像一个无知的孩童。这个道理是非常正确的。西塞罗正确地嘲笑了那些愚蠢得对历史一无所知的人。"

> Cicero is famous for saying that a man who doesn't know what happened before he's born goes through life like a child. That is a very correct idea. Cicero is right to ridicule somebody so foolish as not to know history.

惯性定律是人类社会的一大极其朴素而实用的原理。无论是对国家、组织还是个人来说，一切都有路径依赖。路径依赖理论来源于诺贝尔经济学奖获得者道格拉斯·诺斯的《经济史中的结构与变迁》，主要用来解释经济制度的演进。简单说，路径依赖的意思就是历史对未来的发展方向有很重要的影响。

作为一个投资经理，作为一个历史爱好者，我不会投那些历史上管理差劲（比如欺骗过股东）的上市公司，就连历史业绩差的公司都尽量回避。那些讲新项目投产会多好多好的故事，我一般都持怀疑态度。因为我根本不相信丑小鸭变天鹅的神话。当然，这种方式会错过一些屌丝逆袭的机会。错过就错过，不必后悔。错过了机会，也错过了风险。

　　宁可投康熙年间就存在的贵州茅台，也不投新冒出来的白酒；宁可投嘉靖年间就有的片仔癀，也不投据传将研发出治愈乙肝神药的 × × 啤酒。

　　俗话说，三岁看到老。大凡一个有杰出成就的人，年轻的时候一般都会有所表现。翻开中国的历史书，有没有真正意义上的大器晚成，少年时期看不出端倪的名人呢？我认为，几乎没有！

　　比如说苏东坡的父亲苏洵（号老泉），据说五十多岁才开始出名，经常被拿来当作大器晚成的例子。《三字经》说："苏老泉，二十七，始发愤，读书籍。"关于苏洵年轻时候的记载很少，史书多数只是说他爱旅游不爱读书。然而，唐宋八大家之一的曾巩提到，少年苏洵"为人聪明，辨智过人"。可见，苏洵年轻时就显现出了成大器的迹象。

　　比如唐代的郭子仪，五十多岁才升任左武卫大将军，六十多岁平定安史之乱，又是一个被认为大器晚成的历史人物。其实，这是因为人们对古人的要求太高，所以才觉得大器晚成。难道二十几岁就必须提出相对论才算优秀？郭子仪，二十岁参加全国的武举考试，成绩优秀，"武举高第"，然后就当了官。这完全可以算得上某某省某某市的十大杰出青年了！

　　再比如任正非，被很多人认为是大器晚成，原因是他43岁才开始创立华为。其实，任正非年轻的时候就非常优秀。他是60年代的大学生，就读于当时的重庆建筑工程学院。那个时代，一个大学生是多么稀缺的资源！当兵以后，由于工程建设中的贡献，34岁的任正非出席了1978年的全国科学大会，这又是多么高的荣誉！

再比如曾国藩，也经常被认为是大器晚成。然而，他27 周岁就进了翰林院。他即使不是最年轻的翰林，也绝对称得上"相当年轻"的翰林了。人家明明是年轻有为，非得被说成大器晚成！

这条规律是股市投资最简单易懂却经常被人忽略的实用指南。因为它是如此平淡无奇，以至于被人忽略。

第三章　股市避雷案例精选

　　现代金融企业中，风险控制部门是一个非常重要的核心职能部门，通常大的金融企业都会设一个首席风险控制官。比如，平安集团就同时设有首席风控官和副首席风控官。如何做好风险控制，是金融企业绕不开的课题。

　　2008 年，在美国次贷危机中，有 150 多年历史的大型投行雷曼兄弟，竟然破产。1998 年由诺贝尔经济学奖得主合伙的著名对冲基金——美国长期资本公司，因俄罗斯国债违约而轰然倒塌。历史一再表明，风险控制就是金融机构的生命线，风险控制能力就是金融机构的核心竞争力。

　　比尔·盖茨说过："微软离破产永远只有 18 个月。"企业越大，危机意识就要越高，风险管控就要越严格，要始终拥有一颗如履薄冰的心。

一、如何避开康美药业的财务地雷

　　本文主要探讨如何从上市公司高管的"话风"发现问题，

HOW
TO
INVEST   Learn from
          Charles
          Thomas
          Munger

081

提前规避上市公司的雷，以降低投资风险。鉴于中国股市投资者面临的生存环境实在太恶劣，有必要写一系列文章，以飨读者。

1. 康美之雷

2019 年 4 月 29 日，康美药业发布公告称，2018 年之前康美存在账实不符的情况，2017 年财报中存在高达近 300 亿元的"会计差错"。董事长马兴田更是致信股东称"财务差错和财务造假是两回事"。

然而，康美药业所说的"会计差错"并没有得到证监会的认可。8 月 16 日下午，证监会例行发布会上，发言人高莉表示，2016—2018 年期间，康美药业涉嫌通过仿造、变造增值税发票等方式虚增营业收入，同时涉嫌未在相关年报中披露控股股东及关联方非经营性资金占用情况，使相关年报存在虚假记载及重大遗漏。康美药业有预谋有组织长期系统实施财务造假行为，恶意欺骗投资者，影响极为恶劣，后果极为严重。

> 那些江湖派的人，当他们预先答应了很重大的事情而很可耻地失败了的时候，依然会把这种失败轻轻放过，并且转而言他，再不一顾。
>
> ——（英）培根

2. 董事长语言风格：官气十足

曾国藩看人的第一条标准就是："有操守而无官气，多条理而少大言。"事发之前，投资者虽然看不出来董事长有没有操守，但是从新闻上至少可以感受到十足的官气。

若干年前，面对记者追问成功秘诀，马兴田自豪地说：

> 一个企业的成功总是有很多很多因素。有不少人，包括你们记者，总是喜欢问我康美成功的秘诀。我也总是不加思索地回答，一是诚信，二是当地党政的大力支持……信用是企业的根本，更是民企的生命。

划重点：诚信。

根据康美药业网站介绍，2018 年 5 月 25 日，马兴田表示：

> 康美药业将全力发挥全产业链资源平台优势，融合一、二、三产业发展，在辽宁省委、省政府的支持下，积极对接辽宁全面振兴发展战略，进一步深化全面合作，加快合作项目落地，为辽宁省经济社会发展做出更大贡献。

根据康美药业网站介绍，2018 年 5 月 30 日，马兴田表示：

> 康美集团将联合旗下上市公司的产业平台和技术

HOW
TO
INVEST

Learn from
Charles
Thomas
Munger

083

优势，在吉林省委、省政府的支持下，紧抓国家推动健康产业发展的历史性机遇，对标广东"四个走在全国前列"要求，积极对接吉林全面振兴发展战略，加快建设康美梅河口医疗健康中心，力争早日投入运营，启动康美（梅河口）健康城建设，全力以赴落地"智慧药房＋智慧药柜"等智慧医疗项目及开展医药物流延伸，为百姓带来更加便捷的健康服务，率先为新时代吉粤合作开创新局面助力。

2019 年 2 月，在新春致辞中马兴田说：

我们深入贯彻十九大精神，对标习近平总书记对广东工作"四个走在全国前列"的指示精神，积极践行"健康中国""一带一路""中医药振兴发展"等国家战略，不忘初心，秉承弘扬国粹的使命。

有没有一种新闻联播的味道？看到这，读者还以为自己走错了片场，这不像政府工作报告的口号吗？

3. 察其言，更要观其行

单看他说话的方式，还以为他是主管宣传的老干部。以下不完整的行贿记录都是来自公开信息。

据中国经济网报道，2004 年至 2011 年，康美药业董事长马兴田曾行贿原揭阳市委书记陈弘平，共计港币 500

万元。

2000 年—2014 年，马兴田行贿广东省委原常委、广州市委原书记万庆良，涉及金额港币 200 万元、人民币 60 万元。在万庆良落马后，马兴田就辞去了全国人大代表的职务。

2014 年 8 月至 2015 年 11 月，原任广东省食品药品监督管理局药品安全生产监管处处长蔡明利用职务便利，为康美药业谋取利益，先后收受康美药业董事长马某、副总经理李某贿送的现金共计港币 30 万元。

2018 年 11 月 2 日，马兴田表示："讲正气、走正道，一心一意办企业，依法依规办企业。"

语言和行为反差这么大，公司财务会不会"本剧纯属虚构"？世事变化万千，投资者不如以拙诚应对一切。

二、如何提前躲开康得新的财务地雷

多数投资者希望找到牛股启动前的征兆。然而，这个比较难。反过来想，只要能规避风险，别踩雷，股市投资就是天下赚钱最容易的地方。因为只要不是雷，就有一个老少咸宜的、最简单的策略：越跌越买！

1. 康得新之雷

2018 年 5 月 11 日，深交所中小企业管理部对康得新

HOW
TO
INVEST

Learn from
Charles
Thomas
Munger

085

一方面有一百多亿元现金，一方面又有一百多亿元贷款的情况产生了疑问，发函要求康得新说明资金存放等相关情况。2018年5月18日康得新进行了回复，表示现金都是真实的。

然而，2018年6月1日，可能有些嗅觉灵敏的资金得到了消息，康得新股价意外跌停。公司紧急停牌。2018年11月初复牌后，股价仍然连续跌停。这是为什么呢？过几个月后，谜底就会揭开！

2019年1月15日晚，康得新公告称，公司发行的15亿元债券存在不能兑付的风险。根据年报信息，康得新2018年年末货币资金余额153.16亿元。然而，这个大款居然连15亿债券都还不起！

在2019年一季度报告中，康得新的三位独立董事对报告内容共同表示异议，其中一条异议就是对康得新公司存在北京银行西单支行的122.10亿元的真实性存疑。

5月12日晚间，张家港市公安局在微博称：康得新董事长、实际控制人钟玉，因涉嫌犯罪被警方采取刑事强制措施。

有老股民感叹：最近两年资本市场上造假的技术含量怎么越来越低了，直接就是假现金，太简单粗暴了！

2. 董事长语言风格：雄心勃勃型

2015年8月，钟玉在股东大会上明确说："未来三年，康得新市值要到3000亿元。"然而，2018年康得新的最高市值也就 948 亿，连目标的三分之一都没达到。2019 年 9 月 5 日的市值更是惨不忍睹，才 125 亿元，比 2015 年的时候还少了一大截。

2017 年，《21 世纪经济报道》的专访中，钟玉是这样说的："康得新的成功，要说一个最重要的能力是整合能力，我们这些年靠整合来的，如碳纤维，3 年前相关方面的技术还是零，现在我们一步登天，全球领先，我们依靠整合可以快速获得先进的技术和工业化生产能力。"

1950 年出生的钟玉，说 3000 亿元的时候已经 65 岁了，说"一步登天"的时候已经 67 岁了！按理说，年纪大的人一般都比较保守。65 岁以上的人还有青云之志的，都是反常现象。有些投资者可能会这样想：65 岁以上还雄心壮志的人，老骥伏枥，志在千里，这是天才啊！老板这么有魄力，买他！然而一个高科技制造型企业最重要的是研发，而并非资源整合整合就能诞生的。

> 没有加倍的勤奋，就既没有才能，也没有天才。
>
> ——（俄）门捷列夫

不要相信世界上有那么多天才，更不要相信自己遇上了天才。一定要左看右看上看下看，原来每个"天才"都不简单。商业的成功需要周密而细致的努力，世界上并没有那么多天才。

曾国藩就不是一个天才，尽管 27 岁就考上进士，在全国也算是非常领先的人，但他从来不认为自己是个天才，而是相信步步为营、稳扎稳打。又比如乔布斯，很多人说他是天才。但是他也是一个对细节很苛求的人，从来不讲苹果的市值，他对产品的本身有一种极致的追求。

凡是讲市值有多少多少大的，就是有点急于求成了，千万不要把他们当成天才，而且还要小心一点。

3. 董事长强调自己"身体素质好"的深层原因

2016 年 5 月 6 日，在投资者关系互动平台上，有投资者问及钟玉的身体状况，钟玉是这样回答的：

> 您好！我的身体的底子非常好，年轻的时候武术、摔跤、拳击、篮球、乒乓球、足球、滑冰、游泳无所不好，游泳下海可游 10000 米……在血色浪漫的时代，曾驰骋北京各大冰场，还在高原当过四年陆军特种兵……我每天回家再晚都会坚持走路锻炼，如果你到公司的管理层去了解一下，就会知道二三十岁的年轻人和我的精力、体力都比不了。我在 2013 年集团成立 25 周年大会上，跟全体职工承诺再干二十年。

为什么这么强调自己曾经是特种兵，强调自己的身体条件如此之好呢？在 2016 年，66 岁高龄的钟玉称自己的身体条件是二三十岁的年轻人比不上的，这就有点违反生理规律了吧，年轻人扛着杠铃正在来袭：钟老，听说您身体比我们好啊！

请注意钟玉回复投资者的话是发生在如下的事实之后：

2016 年 3 月 25 日，康得新发布人员调整的公告称，公司董事会秘书、副总经理钟凯先生申请辞去公司职务，此后亦不担任公司其他职务。

钟凯是钟玉的儿子。钟玉强调身体素质好，目的很可能是打消外界的顾虑：为什么儿子要出局？在中国这个家庭观念比较重的国家，老父亲把公司拉扯得这么大，没有理由不考虑接班人问题！钟玉不仅没有考虑接班人的事，还把儿子与公司隔离开来，违反常理。

反观任正非这类企业家更加强调的是，即使自己死了公司照样运转。而钟玉似乎强调自己不会死。秦始皇的棺材板快压不住了！

> 一个企业的魂如果是企业家，这个企业就是最悲惨、最没有希望、最不可靠的企业。我是银行，绝不给他贷款。为什么呢？说不定明天他坐飞机回来就掉下来了，你怎么知道不会掉下来？
>
> ——任正非

在爆雷之前，康得新的财务数据的确非常好看。净利润增速总是维持在 25% 以上，净资产收益率总是维持在 15% 以上。虽然现金流差点，但毕竟企业在扩张嘛，可以理解，对企业家宽容一点。这就是一部分投资者的心态。可惜的是，许多投资者沉浸在对企业产品和资产回报率等财务数据的分析上，却忽视了最重要最简单的"人之常情"，也就难免踩雷了。

三、庞大集团：七年前就可以回避的雷

1. 法院受理庞大集团的破产重整申请

2019年9月5日晚间，庞大集团发布公告称，其于9月5日收到河北省唐山市中级人民法院通知，法院已裁定受理北京冀东丰汽车销售服务有限公司对庞大集团的重整申请，并指定庞大汽贸集团股份有限公司清算组担任庞大集团管理人。如果公司被宣告破产，根据股票上市规则，公司股票将面临被终止上市的风险。

根据上市规则，因被法院裁定受理重整，庞大集团股票将于2019年9月9日被实施退市风险警示，股票简称改为"*ST庞大"。

庞大集团的雷不是在一天内突然爆出来的，而是以多年的业绩下滑和股价阴跌体现出来的。二级市场投资者如果有心的话，完全可以在2012年年初察觉庞大集团的风险，从而在七年前就避开这个雷。

2.2011年董事长就失信于公众

"投资就要买龙头"，这么大的企业不会把我们给坑了吧！抱着这种思维定势，投资者会在2011年年初把庞大集

团纳入自选股，因为庞大集团是汽车零售领域的龙头企业。然而，并非所有的龙头企业都值得投资，庞大集团就是个龙头也不灵的教训。

时间回到 2010 年，吉利汽车收购了沃尔沃，成为轰动一时的新闻，跨国收购，牛啊！吉利汽车也成为民族汽车产业的骄傲。可能被吉利的示范效应带动，2011 年，庞大集团联合青年汽车，准备收购瑞典的萨博汽车。顺便说一下，2019 年，青年汽车 61 岁的庞青年凭借"水氢发动机汽车"竟然还火了一把。

2011 年，关于收购萨博的事，庞庆华在接受《第一财经日报》采访时承诺："如果庞大集团投资失败，我自己出钱来承担后果。"这张空口支票引来了一些股民。公司大老板都敢在媒体面前保证了，真有情怀！而事实上，庞庆华并未兑现对公众的承诺，而是将支付给萨博的高达 4.2 亿元损失计入当年的上市公司。受此影响，庞大集团 2011 年净利润同比大幅下滑 47%。对于这样的公司，股民能怎么样呢？只能是建个群，跟其他受害人一起吐槽了。龙头不龙头都是浮云，不能兑现诺言的，说什么都不买他家的股票！

> 失去了诚信，就等同于敌人毁灭了自己。
> ——（英）莎士比亚

2012 年第 4 期《中国企业家》杂志报道，有位记者建议庞庆华，今后再收购一定要注意被收购方的实际控制人到底是谁。庞庆华说：

谁是实际控制人？买卖双方是吧，他不卖我也没招。双方政府是吧，他不批也不行。欧洲银行是不是？他不给你贷款也能掐死你。工会算不算？通用最后蹦出来了也算。所以实际控制人很多很多。我不认为萨博这样的结果是我们没有考虑到什么……我觉得谁笑到最后谁笑得最好，别着急！我是久经沙场的老将，什么我都见过，那算什么！

看电视连续剧，不看完大结局，还真不知道谁能笑到最后。上市公司董事长，当着公众媒体说的话有广泛影响力。有些股民可能就是听信他的话买了股票。有些人乐了，股市投资者却苦了！

2013 年 6 月，当被问到如果再有一次机会，是否还会继续选择注资萨博时，他表示："会，仍然会，我不后悔当时的决定。当时的萨博如果度过危机就会好得很快。"没事，不认错也没关系，但是对于不守信用的上市公司，投资者就不要再给他第二次机会了。

2015 年大牛市的时候，庞大集团一度创出了新高。如果说之前被套牢的投资者没卖出的话，这就是最后一次逃命的机会。按照复权后的价格计算，庞大集团的股价从 2015 年最高价跌到 2019 年最低价，下跌幅度达到 86%。目前（2019 年 9 月）仍然在最低价附近徘徊。

3. 急于求成的收购案

2011 年，庞大集团为了购买萨博汽车，联合青年汽车共同向濒临破产的萨博汽车提供救助。急于求成的庞大集团在事情并未明朗之际，就向萨博汽车支付了 4500 万欧元的购车预付款。而庞庆华还一度以为这钱是安全的。

2011 年 6 月 24 日，庞庆华说："即使萨博破产，对我们也没有什么影响，前期打过去的资金都是有抵押的……这些资金都是有抵押的，萨博将英国的部分 4S 店已作为抵押资产抵押给庞大集团。"

不明真相的投资者似乎吃下了定心丸，事实上，萨博汽车还是破产了，庞大集团的预付款血本无归。对上市公司董事长的保证，投资者须察其言更要观其行，心思缜密的人是绝对不敢随便下定论的。

更令投资者不满的是，庞大集团当初将巨资投向遥远欧洲之时，并没有召开股东大会，只是经过了董事会。就连董事会会议也是在开会前一天匆忙地发出通知，董事会成员只能采取通信方式表决。什么叫"心急吃不了热豆腐"？这就是典型的案例。家庭主妇做菜，前一晚还得想想买什么菜好。庞大集团这事做得跟买菜差不多。

> 不积跬步，无以至千里；不积小流，无以成江海。
> ——荀子

咸丰四年（1854 年），咸丰帝急于求成，想迅速攻克太平军的老巢南京，三番五次地催促曾国藩出兵。而曾国藩顶住压力，一定要等炮船到位了再出发，甚至说："与其将来毫无功绩，受大言欺君之罪，不如此时据实陈明，受畏葸不前之罪。"不能急！

如果庞庆华哪怕能有一分曾国藩的稳中求进的拙诚精神，也不至于落得这样的下场。

4. 董事长的语言风格

清代有句名言："每临大事有静气。"

一个商人面临大事的时候，经常有各种人围绕在身边，说得自己热血沸腾。此时，最忌讳头脑一热，冲动地将一件普通的商业活动升级到国家层面，甚至还产生自己是民族英雄的错觉。2011年12月6日，庞庆华表示："要么就100%收购，要么就拉倒。我们不会委曲求全，更不会做让中国人感到丢脸的事。"收购一个快破产的瑞典公司，中国人真的会长脸吗？街头菜市场的大妈大爷表示：并没有。

虽然庞庆华自己都觉得自己有点不对，但他还是鬼使神差地往前走。当心灵不能控制行为的时候，就是知行不合一。2013年6月，汽车产经网专访庞庆华："前面冲得太猛了，如果我是投资者，我都要质问我自己，你这是在搞大跃进啊！"为什么知道冲得太猛却不减缓速度呢？

2013年6月，汽车产经网报道，庞庆华是个工作狂。庞庆华说："我已经到这个年纪了，再不拼，时间就不够了。"

不拼的公司要小心点，太拼的公司也得小心。每件事物在诞生时就在暗中定好了价格。

2018年5月24日晚，针对坊间传出的"庞大缺钱"传闻，庞庆华表示："这个就是正常的企业资产买卖，根本无所谓'钱多钱少'。卖几家店不能说明什么，说我没钱，我刚在北京亦庄买了店，花了六千多万元。我都懒得说了。"

"我都懒得说了"这话是大人教育小孩子时常用的话。"这件事情我都说了多少遍了，你怎么还没听进去？我都懒得说了。"一个耐心的人是不会把这句不友好的话时常挂在嘴边的。

当把庞庆华说的这些话放在一起的时候，发现了哪里不对吗？也许他的出发点是好的，只是太急于求成了。正所谓欲速则不达，慢就是快，中小股东以此为鉴。

四、大股东减持在什么情况下是危险信号

大股东、董事长减持在资本市场是常见的现象。他们会时不时地发个减持公告调节股市气氛。对股市投资者来说，这种现象是否一定是危险信号呢？还真不一定。有时候，大股东减持之后股价还涨了，有时候紧接着就曝出财务造假的地雷，股市的心思太难猜。如何鉴别危险信号，值得研究。不妨以尔康制药为例，来探讨一下这个问题。

HOW
TO
INVEST

Learn from
Charles
Thomas
Munger

095

1. 尔康制药之雷

2017年5月9日，媒体发布质疑文章称："尔康制药有比较严重的虚构利润和资产的嫌疑。"受消息影响，5月9日午后，尔康制药放量跌停。5月10日，尔康制药开始了长达半年的停牌，核实相关报道。

2017年5月12日，董事长帅放文在会上表示，尔康制药不存在任何财务造假和虚增利润的行为。8月8日，尔康制药被证监会立案调查。11月22日晚，尔康制药公告承认大额虚增业绩行为："本次公司自查发现的问题将使公司2016年度财务报告出现重大会计差错，对2016年度的业绩造成一定的影响，净利润预计将减少231030762.00元。"

2017年11月23日尔康制药复牌，连续四个跌停，致使广大投资者损失惨重。

2. 重视所有大额减持行为

现在回顾起来，尔康制药的造假似乎是显而易见的。但在当时，并非如此。有大量的公募基金扎堆在里面，损失惨重。当媒体曝出财务造假的质疑之后，重仓尔康制药的中邮基金某经理甚至发朋友圈称："清者自清，时间会证明一切。"时间证明了很多基金经理的幼稚。

> 前事之不忘，后事之师。
>
> ——《战国策·赵策一》

那么对中小投资者来说，有没有比较简单粗暴、不烧脑的方法可以提前发现尔康制药的问题，从而规避风险呢？大道至简。有的！从生活常识角度加以分析还是可以的。

首先，凡是大股东、董事长的大笔减持，不管他们说了什么甜言蜜语，投资者一定要捂住耳朵、擦亮眼睛。企业就像一艘在财富海洋中航行的船，大股东、董事长是船长，而作为乘客的中小投资者看到船长突然下船了，一定要琢磨琢磨。

尔康制药在 2016 年 12 月 7 日发布公告称，实际控制人帅放文先生及其配偶曹再云女士计划减持不超过 1.99 亿股公司股份，即不超过公司总股本的 9.66%。截至 2017 年 5 月 5 日，两夫妻合计减持套现 12.37 亿元！

划重点：尔康制药这次减持数额较大。尔康制药在此前的市值有 250 多亿元，从绝对数额上看，帅放文夫妻俩减持的数额有 12.37 亿元。从相对市值来看，减持金额达到了总市值的 4% 以上。一笔大买卖！

为什么要强调金额呢？因为还有不少大股东或者董事长减持的确出于个人资金需要的考虑，并不是公司有问题。比如腾讯的马化腾也时不时地减持腾讯的股票，但每次减持的相对数额都不高。根据联交所权益披露资料，在 2017 年 10 月 10 日到 10 月 13 日期间，马化腾连续 4 天合计减持腾讯 600 万股，套现金额约合人民币 17.8 亿元。从绝对数额来看，似乎比较大，但是相对于腾讯几万亿元的总市值，其持股比例由 8.69% 降至 8.63%，他减持的比例才 0.06%，减持量很轻微。马老板这么高的身价和知名度，修个桥，铺个路再设个奖学金，眨眨眼几个亿就没了，投资者还真不必大惊小怪。

3. 大额减持行为必须有合理的解释

有一种大额减持行为可以谅解，即船长年纪很大了，想着去享受生活了，所以将接力棒传给更加年轻的大副。这种情况不一定意味着股价会大跌或基本面会恶化，比如森马服饰。2018 年 10 月 29 日晚间，森马服饰发布公告称，董事长邱光和的女儿邱艳芳与女婿周平凡拟减持 7% 的股份。第二天开盘，森马服饰的股价一度跌停，第三天最低价 7.37 元。但是随后股价就开始反弹，到 2019 年 9 月 6 日，股价是 11.45 元。股价不仅没有跌，反而上涨了。

在跌停板卖出的投资者可能就要以头抢地，懊悔不迭了。同样都是减持，为什么差别这么大呢？因为森马服饰有管理层的大量买入。

2018 年 12 月 1 日，森马服饰发布公告：总经理徐波先生及董事邵飞春先生基于对公司未来发展前景的信心及对目前股票价值的合理判断，决定购买和长期持有森马服饰股票。公司控股股东邱光和先生于 2018 年 11 月 29 日以大宗交易方式向徐波先生转让其持有的公司股票 537.13 万股；向邵飞春先生转让其持有的公司股票 268.57 万股。

当天股价 8.38 元，假设按照七八元左右的价格进行大宗交易，两位高管承接所需要的资金都在几千万以上。对于职业经理人来说，几千万元的金额还是需要掂量掂量的，如果不是对公司有信心，也不愿意拿这么多钱当炮灰。

毕竟管理层是对公司了解得比较清楚的，所以管理层的买入给了市场信心。这一举措使恐慌情绪不会在市场弥漫，股价自然不会受到减持的影响。至少在外界看来，这次大额减持还是有合理解释的。当然，森马服饰当时的应收账款和存货大幅增加，也是令人担忧的。

4. 没有管理层买入的大额减持行为必须高度警惕

如果没有管理层买入的大额减持行为，是否就一定意味着基本面会恶化呢？也不一定。因为还有一种情况是公司创始人一心扑在公司经营上，之前在上市公司体外没有什么经济积累，那么为了提高生活品质的需要，的确需要减持部分股票。在这种情况下，减持的绝对金额不大，但是由于上市公司的总市值比较小，所以相对的减持量比较大，比如康斯特。

2018 年 5 月 11 日康斯特发布了《关于持股 5% 以上股东及部分特定股东减持计划的预披露公告》。根据公告，以董事长为首的 6 名股东拟合计 6 个月内减持不超过 10.36% 股份。公告发布当日，股价几乎跌停，收盘 14.67 元，但是随后反弹，在 2018 年整体股市下跌的情况下，最低下跌到 8.93 元，跌了 40%，但之后又开始反弹，到 2019 年 9 月 6 日收在 13.88 元。从基本面来看，扣除非经常性损益之后的净利润增速从 2018 年的 31% 下降到 2019 年中期的 17%，有所下降，但谈不上地雷。

康斯特在没有管理层买入的情况下，以董事长为首的六名股东减持，为什么却没有爆雷呢？因为康斯特本身市值就很少，他们减个 5% 左右也就一个亿。大股东要减持的也就几千万元，只够在北京外环买一个普通别墅。船长也只是下船去酒吧消遣一下，一会儿还会回来的。

仔细浏览康斯特创业者的简历就能发现一些端倪。董事长姜维利在创业前当过物理学教师、技术员、研究员，收入最多的一份工作就是担任北京斯贝格科技发展公司副总经理，也才干了四年。假如不是富、拆二三代，似乎不算是特别有钱的人。其他几个较大的股东当过研究室主任、总工程师等，估计也没多少积累。想必之前创业比较辛苦，把大部分的精力投入在创业上，所以改善生活的可能性比较大。更何况现在北京的房价也比较贵，也许他们减持可能只是因为孩子大了要结婚买房而已。

5. 没有合理解释的大额减持行为，几乎就是地雷的前奏

当没有合理的理由可以解释大股东、董事长的大笔减持的时候，那只剩下一个理由了：公司有问题，船要触礁了！

帅放文是湖南的。办公地址在二三线城市长沙，与北京相比，长沙的房价比较低。2016年10月，《中国经济周刊》记录了帅放文说过的一句话："我不关心公司股价一时涨跌，我只看趋势。"他说他对财富没有概念，每天15块钱的生活费就够了。湖南2016年的物价较低，可以理解。

如果帅放文真的要改善生活，最多减持一个亿就可以在当地生活得很好，可以吃香的喝辣的了。他为什么要减持十多个亿呢？而且在帅放文和他老婆单方面减持的情况下，并没有出现公司其他高管来接盘。声称不关心股价一时涨跌的帅放文，在减持时给出的解释是为了提高股票的流动性这种看起来比较"公益"的目的。中小投资者："那我还真要谢你了？"但是在他减持之前，尔康制药的流动性挺好，每天交易量平均在五千万元左右，最低也不会低于三千万元。凡是大股东减持时说是为了提高流动性的，绝大多数情况下都是瞎扯，只是一个冠冕堂皇的借口罢了。

一个每天15块钱生活费就够了的董事长，却一下子减持12个亿，这就有点匪夷所思了！也没看到有其他管理层来接盘，除了对公司没信心以外，基本上就没有别的解释了。

当实在找不到合理的解释时，面对这种大额减持的情况，不管大股东说的理由有多么好听，投资者只能认为公司基本面要恶化，甚至埋藏地雷。对于这种股票，对于这种公司，有多远要躲多远。是非之地，不宜久留。宁可错过一只大牛股，也不要踩上地雷。

君子怀刑，不应轻蹈险地。

——曾国藩

当然还有一种特例，即大股东大额减持之后，更换了大股东。新晋大股东抱着重组的目的来，并有优质资产可以注入。如果不是这种情况，大股东大额减持之后成为长线大牛股的，基本没有发生过。

如果投资者抱着这种指导思想去面对上市公司，现学现用，就能完美躲过一些地雷，比如2018年年初的华友钴业。2018年2月3日华友钴业大股东抛出减持计划，拟减持不超过2370.71万股，即不超过公司总股本4%。当时华友钴业是500多亿元的总市值，4%就是20亿元了。在公司办公地浙江桐乡买N套别墅肯定够了！同时没看到华友钴业有内部人来接盘，于是投资者就可以大胆判断，公司基本面可能会有问题，赶紧跟着船长下船！

在2018年中报的时候，华友钴业的净利润增长还在100%以上，到了三季报时净利润增长74%，到了年底变成了负增长19%，而2019年上半年净利润下降98%。果然是逐季下降，而且断崖式下降，这也可以说是一种业绩地雷了。其股价从发布公告的50多元迅速涨到70多元，然后迅速掉头，一年左右的时间，一度跌破了20元。

6. 结语

回顾尔康制药，如果不是大股东招摇地大额减持，其造假暴露的时间还真可能会拖后。2017 年 5 月，大股东套现太多、太扎眼，引起了某些市场人士的怀疑。经过分析，其柬埔寨的木薯淀粉项目被发现利润高得离谱，于是围绕其是否造假，市场人士和大股东打了一场辩论赛。一开始大股东帅放文还斩钉截铁地说，不存在任何财务造假和虚增利润的行为。在造假行为实锤后，帅放文承诺赔偿投资者："只要我活着，就要把它全部赔掉。"这样的承诺，不出意外地成了空头支票。立志欲坚不欲锐，成功在久不在速，这些是他接受媒体采访的话，很动听，但是没留下美好的回忆。

在残酷的股票市场上，有太多的并不美丽的谎言，太多虚无缥缈的承诺。能够在关键时刻扶你一把的，往往是常识和逻辑。

五、尾盘拉升在什么情况下是危险信号

有时，股票价格会在临近收盘的时候突然上涨，即尾盘拉升。此时，在盘中卖出股票的投资者可能很懊恼："咋回事？庄家把我洗出去了！"其实，并非所有的尾盘拉升都值得懊悔，说不定你不是错过一笔大财而是躲过了一劫呢？

HOW
TO
INVEST
Learn from
Charles
Thomas
Munger

103

1. 尾盘拉升的两种情况

一般情况下，尾盘拉升有两种情况：一种是市场自然力量买起来的，投资者急于买货，导致尾盘急剧拉升。这种情况跟地雷没有关系。第二种情况则是庄股为了维护股价，刻意拉升，并且这种拉升是连续的，不是一两天的。

当第二种情况遇到走势不流畅的图形时，就很有可能是庄家自己在玩，鲜有散户参与。看似无奇的股票，背后却有一只大手在自娱自乐。其实，"大手"也很苦恼："小伙伴们，谁来跟我一起玩呀？"

2. 高质押率的大股东很可能与庄家联合坐庄

股市上的某些炒家，手中握有大额资金，往往想过一把坐庄的瘾，通过坐庄来迅速发家致富，于是主动去寻找大股东来配合坐庄。当然，并不是所有的大股东都有这"闲情雅趣"，有些大股东埋头做实业，只是偶尔抬头看看两眼股价。

而高股票质押率的大股东却不同。他们紧盯着股价，比看护刚出生的儿子看得还紧。这些大股东为了不爆仓，有很强的维护股价的动力。此时的大股东与庄家，你有情我有意，眉来眼去，很容易就两相勾搭上了。更有甚者会向庄家输送资金，或者自己坐庄。

尽管坐庄是违法的，中国股市成立以来，庄股仍然层出不穷。"坐庄"烧不尽，"钱"风吹又生。不过，并不是所有的庄股都会爆发问题，就算爆发也不是马上爆发，而是有个时机问题。初期的跟庄反而是很多股民盈利的方式，但是有些投资者没有跟着赚钱反而跟着崩盘了。曾经，有一个跟庄的机会在我面前，我没有珍惜。等到我跟庄的时候，却是加入到吃土的队伍里了。

3. 高质押率的大股东坐庄失败的迹象

对投资者来说，如果观察到尾盘拉升的庄股和高质押率，那就要打起十二分的精神，捂紧钱包，尽早规避风险。

高质押率意味着大股东资金很有限，财务状况不良。此时坐庄，就像在沙漠中造高楼，爆雷率非常高。

对庄家来说，只有股价上涨才能获利，资金是有成本的。大股东的股权质押也是要付出利息成本的。

如果很长一段时间的股价并没有上升，反而横盘或者缓慢下跌，那么情况就很危险了。敌军还有三秒到达战场。用不了多久，投资者将有 99% 的可能会迎来暴跌的洗礼。

金盾股份在事发之前就已经横牌十月有余。康美药业在爆雷前也是横盘了几个月。

4. 金盾之雷

据公开消息，2018 年 1 月 30 日 17 时许，金盾股份创始人、前董事长周建灿不幸坠楼身亡。次日，金盾股份为了预防该事件对公司股票交易价格造成较大影响，申请临时停牌。2018 年 6 月 1 日金盾股份复牌，连续 7 个跌停板，跌至 16.91 元。是什么逼着一家市值近百亿元的上市公司董事长轻生？在公司经营看似一切正常的情况下，到底暗藏什么玄机？

周老板非常低调，很少有公开讲话。据说，在事发前，他已经被浙江当地的民间借贷圈列入了黑名单。但是借贷圈不发个公告出来，远方的投资者不知道啊！金盾股份本身的负债率其实很低，财务健康。那么对股市投资者来说，要把放大镜摆在哪里呢？

公开信息是，金盾股份在停牌之前，就发生了尾盘拉升的庄股遇上高质押率的情况。通过分析 2018 年 1 月 30 日前 20 个交易日的分时图，我们发现金盾股份在这期间是明显的庄股，20 个交易日中还有高达 15 个交易日的尾盘拉升。

再回顾一下事发前金盾股份股东的质押情况：

根据金盾股份 2017 年 11 月 20 日发布的公告，股东王淼根先生截至公告披露日，累计质押股份 17460000 股，占其本人所持有公司股份总数的 57.38%。

根据金盾股份 2017 年 11 月 28 日发布的公告，股东周建灿先生截至公告披露日，累计质押股份 34400000 股，占其本人所持有公司股份总数的 66.20%。股东周纯先生截至公告披露日，累计质押股份 17200000 股，占其所本人持有公司股份总数的 99.88%。

根据金盾股份 2017 年 12 月 27 日发布的公告，股东周伟洪先生截至公告披露日，累计质押股份 15000000 股，占其本人所持有公司股份总数的 48.92%。

短短两个多月，公司主要股东纷纷大比例质押其名下的公司股份，看看这个质押率真是高得吓人。至此，暴跌的两大条件已经具备，就等一个合适的时机、合适的人来点火。事实上这个点火的债权人来自河南。面对债权人的催逼，周建灿在走投无路之下，并没有玩失联，竟选择了结束自己的生命。

根据金盾股份 2018 年 5 月 2 日发布的公告，称经初步统计，周建灿、金盾集团及相关企业涉及的债务总额约为 98.99 亿元，其中公司被牵涉到的债务及担保金额约为 29.11 亿元。

股票复牌后，股民们担忧会质押爆仓，也担心周建灿的债务问题牵连到上市公司，这直接导致了股价的大幅度下跌。

5. 其他类似情况的发生

历史总是惊人的相似，在 2018 年 10 月 12 日康美大跌的前一段时间里，我们也能发现尾盘拉升的同时伴随着高质押率的情况。

通过对康美股份的观察，发现其走势相对比较流畅，但"翘尾巴"现象常有发生。大跌前 20 个交易日，有多达 11 个交易日的尾盘拉升。

有报道称，康美与相关关联公司存在 88.79 亿元的资金往来，该笔资金被相关关联公司用于购买公司股票，康美可能有坐庄嫌疑。

再来看看康美在 2018 年 10 月 18 日发布的公告："截至 2018 年 6 月 30 日，康美实业持有公司股票 164038.10 万股，其中已质押股票 150771.41 万股，质押比例为 91.91%。"

康美股份完全符合尾盘拉升的庄股和高质押率两个条件，根据我们上述的方法，便能提前利用这些端倪做出爆雷预判。如果投资者能够利用我们的方法，躲过这个雷，岂不幸哉？

6. 结语

打雷前一定有闪电，没有突如其来的雷，冰冻三尺绝非一日之寒。从常识出发，寻迹扫雷才是硬道理！

> 初六：履霜，坚冰至。
>
> ——《易经·坤卦》

六、跟庄的逻辑错在哪里

老张是个曾经成功的老股民，从股市一成立就入了市，用 10 万元本金赚到了 100 万元。据他总结，最快的获利方法就是跟庄。然而，2018 年老张栽在了一只庄股上。

2018 年 1 月 11 日，欧浦智网公告，超级大户吕小奇溢价 20% 要约收购欧浦智网。经常深夜留意上市公司公告的老张觉得机会来了：既然别人都敢溢价 20% 买入，那么公司肯定值得投资。于是老张买入了 10 万元，对朋友说这是"试仓"，即尝试性建仓。

没想到 2018 年 2 月 2 日竟然跌停了，然后停牌，老张有好几天都没心情喝茶。2 月 7 日，欧浦智网的公告给出了解释：信托公司强制减持卖出吕小奇的一致行动人信托产品所持有的欧浦智网股份。被动减持之后，吕小奇自己觉得很冤枉："减持行为实际为信托计划被强行平仓所致，不是我本人的主动行为，我没有过失。"2 月 26 日股票复牌，股价竟然上涨 7.7%。老张很意外，也很开心：见利空不跌，后面肯定有利好！再考虑到大主力还以个人名义大量持有公司股票，未来肯定有动作，于是老张又继续观察。

耐心的老张一直蹲守到 2018 年 6 月，发现股价经常呈现尾盘拉升态势。老张根据长期总结出来的跟庄理论，认为有大资金护盘，自己以低于大户吕小奇的成本价买入岂不是稳赚？天赐良机啊，于是果断满仓，又买了 90 万元。

不幸的是，2018 年 7 月 2 日开始，欧浦智网开始经历连续一周的大幅下跌，从 8.36 元下跌至 4.95 元，跌幅约 40%，老张的 100 万已经只剩下不到 50 万了。到 2019 年 9 月 16 日，欧浦智网的股价不到 1 元，老张的资产又回到入市的时候了。辛辛苦苦几十年，一夜回到解放前。但是老张不服，他说："人家庄家上亿元的资产在里面都不怕，我怕什么？"

那么，老张的跟庄逻辑究竟错在哪里呢？

老张没错，从经常尾盘拉升可以推断，这是个庄股！但是老张忽略了后面的问题：庄家的后续子弹够不够？如果庄家的后续子弹充足，那么股价还会上涨，否则庄股崩盘是很惨烈的。该股在2018年的上半年经常尾盘拉升，而股价不仅没涨还总体小幅下跌（2018年1月到6月的股价走势）。这是子弹不够的征兆！庄家在硬撑着呢！

另外，老张还忽视了大股东股权质押的情况。从理论上讲，庄家和大股东往往是相互认识，甚至一不小心还会互相配合的。大股东的高比例质押意味着资金很紧张，一旦庄家出了事，大股东也救不了庄家的。2018年6月，佛山市中基投资有限公司已经将股份悉数质押。至于吕小奇是不是庄家，本人虽然不知道但是知道吕小奇肯定知道。

从根本上，老张犯了一个中小投资者常见的错误：对庄家的崇拜和神话。

七、论东阿阿胶的卖出时机

股谚道："会买是徒弟，会卖才是师父。"在中国股市买入以后值得长期拥有的，几乎不用考虑卖出的股票少之又少。绝大多数股票买入以后都是要考虑卖出时机的。比如七年前基于价值投资的角度买入东阿阿胶一度也能获得翻倍以上的收益，但如果持有至今不卖，则不赚反亏。这其实也是大多数股票的遭遇。

1. 东阿阿胶之雷

在很多投资者印象中，消费股是比较安全的，没想到东阿阿胶这种"浓眉大眼"的品牌消费股也会爆雷。

2019 年 7 月 14 日晚间，东阿阿胶公布了 2019 年上半年的业绩预告，预计上半年净利润比去年同期下降 75% 至 79%。7 月 15 日开盘，东阿阿胶开盘直接跌停。从 2017 年 7 月开始，该股的股价即呈现震荡下降趋势。如何规避这种大消费股的风险是一个非常重要的课题。

2. 涨价—囤货循环的特点

2006 年，秦玉峰开始担任公司总裁以来，东阿阿胶从一味寻常的补血中药成功转型为"滋补国宝"，年销售收入从 11 亿元增长到 73 亿元，年利润从 1.5 亿元增长到 21 亿元。公司高举文化营销的大旗，实现了东阿阿胶的价值回归。当然，所谓价值回归就是涨价而已。浙商证券统计，2005 年至 2018 年，东阿阿胶累计提价 18 次，阿胶价格增长了 20 倍。

对经销商来说，既然可以提价，那就疯狂囤货呗！等明年涨了价，再把今年囤的货拿出来按照新价格的折扣出售，获取更多利润。经销商越囤货，销量越好，越有底气提价。当然，另一个提价的底气据说毛驴太少。于是，在经销商的配合下，东阿阿胶启动了良性的涨价—囤货—涨价—囤货的自我强化的循环。

借着不断提升的价格，在过去的历史中东阿阿胶年年都能交出漂亮的业绩报告。然而，一旦这个自我强化的循环破裂，就会引起反向运动，系统崩溃！对东阿阿胶来说，系统崩溃只是时间问题，2019年不幸成为这个时点。

不断提价，不断囤货的循环让人联想到了茅台，于是东阿阿胶不知竟被哪位仁兄封为"药中茅台"！当然，笔者不认可这个称号。更重要的问题是，对喜欢消费股的阿胶投资者来说，有没有可能准确预测系统崩溃的时间点，从而提前规避呢？

完全可以！

3. 涨价—囤货循环的基础

阿胶的循环是有前提的，即大规模营销。公司为营销花了大心思。在广告语上，阿胶块的主要口号是"上品体验、经典千年"，还美其名曰"桃花姬"——由内而外、驻颜康健。听起来很养生！另外，公司还拍摄了东阿阿胶系列微纪录片，制作"桃花姬"卡通漫画系列，以现代女性的养生、美容、恋爱、婚姻、生育子女等为漫画题材。安排直营店养生专家免费义诊"是否可以补阿胶"。

多种多样的营销活动奠定了过去东阿阿胶辉煌的收入增长，塑造了众星捧月般的白马股。

数据发现，营销费用同比增速较快的季度，收入往往也有较快的同比增长；如果营销费用增长比较慢，收入增长也比较慢。

东阿阿胶季度数据：

	2015 Q1	2015 Q2	2015 Q3	2015 Q4	2016 Q1	2016 Q2	2016 Q3	2016 Q4	2017 Q1
单季度收入同比增速 (%)	51	43	41	19	4	7	6	40	13
单季度销售费用同比	136	70	159	18	6	19	0	65	16
单季度净利润同比增长率 (%)	23	27	19	12	3	16	11	27	11

	2017 Q2	2017 Q3	2017 Q4	2018 Q1	2018 Q2	2018 Q3	2018 Q4	2019 Q1	2019 Q2
单季度收入同比增速 (%)	6	18	24	1	3	-10	2	-24	-54
单季度销售费用同比	5	45	-1	-17	13	4	-4	-12	-21
单季度净利润同比增长率 (%)	4	-13	27	1	-15	5	8	-35	-179

从上表可以看出，2015 年前三季度的营销费用同比增长显著，翻倍增长。可见这年公司加大了营销。收入和净利润也都保持了 40% 以上、18% 以上的同比增长。

2016 年前三个季度，公司并未大规模增加营销开支，仅仅维持了去年的高额营销。于是，收入也随之降低到个位数的同比增长，利润增速也很慢。2016 年四季度，公司加了把劲，营销费用增加 65%，收入和利润单季度恢复了 40% 和 27% 的高增长。

4. 危机出现

2017 年上半年，公司营销增速很低，收入和利益增速也很低。这与 2016 年类似。在三季度，公司又加大营销力度，想重演去年的辉煌。可是，这次失灵了！在销售费用同比增长 45% 的情况下，收入只增加了 18%，扣非利润竟然下滑 13%。

这就是一个靠广告推动的涨价—囤货循环注定要出现的事，这就是东阿阿胶与贵州茅台在财务上的根本区别！茅台的业绩和营销费用的关联度非常低，甚至在营销费用大幅下降的时候收入和利润都有显著增长。而东阿阿胶的收入是靠砸广告等文化营销、品牌营销活动推动的，收入和营销费用高度相关。

在这种模式下，一旦营销失灵，就很可能是趋势性的转折点。

2017 年三季度，在营销费用大增的情况下，收入提振不明显，净利润增速为负，就说明营销失灵了！当然，还有一种可能是营销费用增速没到临界点，比如增长 100% 可能有效果。

那么公司有两个对策：要么保守一点，放弃加大营销活动，要么继续增大营销活动来搏一把。事实上，公司管理层退缩了，认怂了，不敢继续加大营销冒险了。之后的营销费用经常负增长，增速最高没有超过 15%。

事实证明，2017 年三季度，东阿阿胶就出现了这个可怕的转折点。此时也是卖出东阿阿胶的绝佳机会。到 2019

年 9 月 19 日收盘，东阿阿胶的股价只剩下 31.25 元。

> 楼外轻雷，不问昏和晓。
> ——《蝶恋花·百尺朱楼临大道》

东阿阿胶爆雷之前有两次明显的征兆，除了上文提到的 2017 年三季报后的一次，另一次是 2018 年 2 月。

5. 天有不测风云

2018 年 2 月 18 日，国家卫计委下属的公益热线官微转发博文《过年不值得买之阿胶》。该文写道："阿胶在保健品中的段位一直很高，有种种功效的光环加持：补血、止血、养颜、安胎、抗疲劳、抗癌……不过，请透过现象看本质，阿胶只是'水煮驴皮'。驴皮的主要成分是胶原蛋白，而这种蛋白质缺乏人体必需的色氨酸，并不是一种好的蛋白质来源。"

12320 卫生热线作为卫计委主管公益电话，主要承担公共卫生领域咨询和投诉举报职能。这次官微发言，一石激起千层浪，开启了对于阿胶疗效的广泛讨论。网友们用语文阅读理解的技能对此做出各种解读。

虽然这条微博很快被删除，官微发布致歉微博称审核不严，却没有消除消费者心中的疑虑。第三方医学科普自媒体丁香医生也随即发文称："水煮猪皮、羊皮、牛皮也能得到类似胶原蛋白,但这种劣质蛋白质在多数国家仅视为添加剂,不能因为工序神秘就觉得药效好,顶多视为一种心理安慰。"

6. 微博事件的影响

阿胶的效果怎么样呢?笔者认为,阿胶的补血功能是毋庸置疑的。然而,公众的怀疑和重新审视会降低对东阿阿胶的品牌的信任度。

《中国药典》记载阿胶的功能与主治范围为:补血滋阴、润燥、止血等。

就连曾国藩都对阿胶青睐有加。道光二十四年(1844年),曾国藩在他的家书中写道:"父母大人金福万安……阿胶两斤,高丽参半斤……"后来曾国藩的家书中,还屡屡出现寄赠阿胶的字句。看上去,出门在外的曾国藩也认准了阿胶是送礼佳品。

但是,目前的驴皮胶并非唯一的阿胶,牛皮胶同样是阿胶。据说,唐宋以前阿胶多以牛皮熬制。后来,由于老黄牛是重要劳动工具,政府禁止肆意宰杀制药,而驴子漫山遍野易得,所以驴皮胶代替了牛皮胶成为阿胶的原料,并沿用至今。

《本草经疏》认为牛皮胶与驴皮胶功效相似:"黄明胶……乃牛皮所作,其气味与阿胶同,故其所主,亦与阿胶相似……其性味皆平补,亦宜血虚有热者。"

从中医滋补的角度,被称为补血第一方剂的四物汤就是很好的替代品，价格也经济实惠。一般中药店都可以配到。另外，东北的红参也是补气血不错的选择。

既然补血的方式那么多，消费者还会钟情于价格高昂的东阿阿胶吗？

2018年年初官微对阿胶的质疑，引发了公众对阿胶的重新定位，降低了公众对东阿阿胶的品牌认可度，是对东阿阿胶涨价—囤货模式的致命一击。2018年全年公司收入同比下降0.5%，归属上市公司股东的扣非后净利润同比下降2%。2019年上半年收入断崖式下降37%！面对这种公众认识的改变，需求的改变，估计在好几年内，东阿阿胶都很难把"血"补回来了。

7.一旦逻辑错误，割肉要果断

东阿阿胶此次微博事件给了投资者第二次卖出的机会。在这时卖出的投资者可能都要给发微博那个人送锦旗了。投资者就算在跌停板卖出，还可以卖在50多元的高位。2019年9月19日，东阿阿胶的股价只有31.5元。

当然也有一些投资者对此并不重视，比如深港通席位2018年一季度增持1516万股到4947万股，著名的证金公司2018年一季度还增持了281.84万股。巴菲特曾说过："别人恐慌我贪婪，别人贪婪我恐慌。"莫非在证金公司的眼里，官微质疑事件导致的跌停就是大众恐慌的抄底机会？然而，事实证明，证金公司这波操作把自己晾在了山岗上。

HOW
TO
INVEST

Learn from
Charles
Thomas
Munger

117

八、董事长兼财务总监的公司，必定会爆雷

有这种特点的上市公司是超级危险的，即董事长和财务总监是同一个人，治理结构存在严重问题！

全览 A 股上市公司，符合这个特点的有两个公司——长生生物和印纪传媒，都是爆发濒临退市的那种大地雷。这个特点不是爆雷后才有，而是爆雷前就出现了，所以在这两个"大坑"前解脱是很容易的。

1. 长生生物的股价之雷

2018 年 7 月 15 日，长生生物因其生产的冻干人用狂犬病疫苗生产存在记录造假等严重违反《药品生产质量管理规范》行为，被国家药品监督管理局责令狂犬疫苗停产。受此影响，股价连续 32 个跌停，从 7 月 13 日的 24.55 元跌落至 8 月 29 日的 3.27 元。*ST 长生股票自 2019 年 3 月 15 日起暂停上市。

2016 年 2 月 3 日，长生生物原财务总监金丽娟离职后，由大股东高俊芳同时担任公司董事长、总经理、财务总监。不知道为什么金女士要离职，莫非感受到公司有一股涌动的暗流？至少在表面上，公司还没出现任何问题。2016 年实现营业收入 10.18 亿元，同比增长 28%；2017 年，公司实现营业收入 15.53 亿元，同比增长 53%。

在这几年，大股东高俊芳竟然一直做财务总监，对外人

的怀疑可见一斑。这一点却并未引起多数投资者的重视。

2. 产品质量的雷，发生在财务总监离职之后

2016 年，长生生物曾被中检院拒签一批百白破疫苗。请注意，这是三千多批次中唯一拒签的一家！万分之二的概率发生了！ 2017 年 7 月 4 日发布《2016 年生物制品批签发年报》显示："2016 年度疫苗批签发概况：2016 年，疫苗签发 51 个品种、共 3950 批次，其中 3949 批符合规定、1 批不符合规定（不合格率为 0.25%）。拒签的 1 批疫苗（210048 人份）为长春长生生物科技股份有限公司生产的吸附无细胞百白破联合疫苗，不合格项目为无细胞百日咳疫苗效价测定。"

3. 印纪传媒之雷

印纪传媒原财务总监付艳于 2016 年 4 月 19 日主动离职之后，吴冰一人担任董事长、总经理、财务总监、董事会秘书。这就叫一手包办！必须指出，此时股价并未爆雷，还涨着呢。股价从 2016 年 4 月 19 日 27.12 元一度涨到 2017 年 3 月 22 日的 39.1 元，与长生生物一样，同样非常慈悲地给了投资者慎重思考的时间和卖出离场的机会。

当然，极少数反射弧较长的投资者会持有到 2019 年 9

月 11 日，股价 0.55 元的时候。

2016 年，原财务总监离职当年，业绩还没问题。2016 年，公司实现营业收入 25.06 亿元，同比增长 33%，实现归母净利润 7.31 亿元，同比增长 27%。

但是第二年业绩就不行了。2017 年，公司实现营业收入 21.88 亿元，同比下降 13%；实现归母净利润 7.69 亿元，同比仅增长 5%。

2018 年，业绩地雷终于姗姗来迟。该年实现营业收入 3.62 亿元，同比减少 83%，实现归母净利润亏损 17.86 亿元，被中喜会计师事务所出具无法表示意见的审计报告。

4. 总经理兼任财务总监的也要当心

从原理上讲，董事长大多数情况下是大股东，还担任财务总监，是无论如何都说不过去的。一旦出现，投资者要迅速撤离。那么总经理兼任财务总监呢？总经理一般是职业经理人，所以兼任财务总监还情有可原。但是严格来说，总经理也是不该担任财务总监的。总经理应该把握全局的，财务总监应该是财务专业人才来做。如果总经理和财务总监是同一个人担任，也是公司管理的重大缺陷，是对股东利益的不够重视。所以，这类公司也要引起投资者的重视，说不定下一个雷就藏在里面。

九、这些国家竟是中国上市公司的"造假圣地"

最近几年财务造假的艺术有所提高了！心怀不轨的上市公司发现，在国内造假有诸多不便，不仅被证监会和财经媒体盯着，还被热心的"朝阳"群众、"多事"的自媒体以及全国各地的大叔大妈看着。于是，他们将造假的重点转向了国外。而市场经济发达的国家法律比较健全，不方便动手。于是这些公司的"火眼金睛"就转向了中国周边那些出差比较方便的"三四线国家"。

1. 被质疑造假的信威集团从柬埔寨起家

（1）信威集团的雷

信威集团此前竟然曾是上证 50 成份股！2015 年 6 月 2 日，公司股价创下历史最高价 68 元，市值一度突破 2000 亿元。

2016 年 12 月 23 日，一则《信威集团隐匿巨额债务，神秘人套现离场》的报道传遍网络，质疑信威集团造假。当日，信威集团的股价放量跌停。

2016 年 12 月 26 日，信威开始了近 1000 天的停牌。2019 年 7 月 12 日复牌后，股票连续跌停。截至 2019 年 9 月 24 日收盘，股价仅剩 1.62 元。

在停牌期间，公司业绩连续爆雷。2018 年亏损 29 亿元，2019 年上半年公司亏损 155.5 亿元！2017 年和 2018 年的年报均被出具保留意见的审计报告。

（2）"妙手回春"的柬埔寨业务

信威集团原为大唐电信科技产业集团的下属企业，在2007年前后，曾筹划单独上市被否决，随后几年连续亏损。2009年，新的大股东入主后，为这家濒临破产的公司带来了柬埔寨电信业务，让其迅速扭亏为盈，并于2014年成功借壳上市。

2011年、2012年两年，柬埔寨信威贡献的销售收入，分别占到信威集团当期总体营收的85%和90%。

然而，柬埔寨的业务情况是这样的：信威集团先在柬埔寨注册一个公司——信威（柬埔寨）电信有限公司，官方声称是自己的客户。该客户在境外贷款大规模购买自家的产品，信威集团确认收入和利润。

根据2016年12月《国际金融报》报道："北京信威与柬埔寨信威通过买方信贷担保的形式进行交易，即柬埔寨信威从银行获得了30亿元的贷款作为支付北京信威的货款，北京信威再将收到的对应货款以存单的形式质押给贷款银行作为反担保。在这笔交易中，表面上北京信威拿到了30亿元的货款，营业收入增加了，但这些货款已经质押在银行作为柬埔寨信威贷款的担保，无法及时补充公司现金流。"

也许从柬埔寨尝到了甜头，信威集团的海外业务扩展至其他三四线国家，如乌克兰、坦桑尼亚、尼加拉瓜等，相关销售收入占到公司年总营收的90%以上。这可真是举一反三啊！

赵本山的小品《卖拐》里讲到了忽悠和组团忽悠，唯独缺少一个情节：跨国忽悠！

（3）重要股东异常套现

2016年10月21日，胡润研究院发布《2016胡润套现富豪榜》。信威集团的杨全玉套现41亿元，在套现富豪榜上并列第二。

信威集团曾经的十大股东之一杨全玉于2014年信威借壳上市期间，通过定向增发持有公司近1.38亿股，这些股份在2015年9月10日解禁。2015年杨全玉减持9538.7万股，期末持股数量4237.86万股；2016年一季度再度减持2298.7万股，仅剩1939.2万股。到2016年年报发布，前十名无限售条件股东中不再出现杨全玉的名字。

重要股东貌似无缘无故的巨额套现行为往往是爆雷的前奏。

2. 尔康制药在柬埔寨造假

在事发地点的选择上，尔康制药与信威集团的所见略同。尔康制药2017年11月22日公告，承认大额虚增业绩行为。

所谓的业绩虚增主要是指柬埔寨的18万吨木薯淀粉项目。该木薯淀粉项目在总投资未超过1.4亿元的情况下，2015年居然实现净利润2.76亿元，为可行性研究报告的4.38倍。2016年实现了令人难以置信的6.15亿元净利润，为可行性研究报告

HOW
TO
INVEST

Learn from
Charles
Thomas
Munger

123

的 9.76 倍。

自 2016 年 12 月至 2017 年 5 月份，尔康制药实际控制人及其一致行动人累计减持 1.03 亿股股份，共计套现约 12.37 亿元。这样看来，造假行为确实为大股东套现创造了有利条件，造假者得利离去，岂不快哉？

3. 神州长城钟情柬埔寨

2020 年 1 月退市的神州长城也有很多业务在柬埔寨。2019 年 10 月 16 日，神州长城发布公告，自曝财务造假，虚增利润约 3573.76 万元。

2016 年 12 月 30 日，神州长城发布《关于与武昌船舶重工集团联合体中标柬埔寨金边 133 层双子大厦世贸中心总承包工程的公告》，称中标总金额约 27 亿美元，折合人民币约 187.81 亿元。投资者看到这个公告后心中一定大喜：大订单来了，公司未来业绩增长有保障了！然而 2018 年 1 月 27 日，公司公告称这个项目放弃了！大忽悠！这样能把股价涨上去真是"多快好省"。

在 2017 年年报里，神州长城从柬埔寨 500 万吨炼油厂项目获得 3.7 亿收入，但没有一分现金，全部是应收账款。到 2018 年半年报，神州长城就对这 3.7 亿应收账款开始计提坏账。

神州长城造没造假不知道，葛优说中国移动神州行，至于神州长城行不行，就需要投资者自行判断了。

4. 雅百特在巴基斯坦造假

证监会新闻发言人常德鹏 2017 年 12 月 15 日表示，雅百特虚构巴基斯坦工程项目，虚增业务收入 5.8 亿元，虚增利润 2.6 亿元，2015 年虚增利润占当期利润总额的 73%，2016 年前三季度虚增利润 20%，上述财务数据在雅百特 2015 年年报和 2016 年三季报中披露，构成信披违法，是证监会查出的性质极其恶劣的上市公司跨境财务造假案。

5. 结语

请聪明的投资者检查一下手中的上市公司在这些"三四线国家"有没有占比较大的收入。

十、金力永磁连续跌停的启发

从 2019 年 9 月 23 日开始到 9 月 27 日，金力永磁已经连续 5 个跌停。主要原因是原始股解禁。

为什么有些股票的原始股解禁没导致股价大跌，这个股票的原始股解禁要大跌呢？这是有讲究的。

原来金力永磁的原始股东不仅市值大而且人数特别多，有 82 名！大量分散的中小股东在解禁后集中抛售造成了这个局面。以金力永磁 2019 年 9 月 20 日的收盘价计算，解禁市值超过

110 亿元。

其实，大量的、分散的股东解禁导致股价暴跌这一幕总是在资本市场"循环播放"。

2018 年 1 月 22 日，张家港行公告，1310 名限售股股东的共计 6.53 亿股将解禁，占公司总股本的 36%。到 1 月 29 日就跌去了 30% 的市值。

同样的故事还曾发生在券商股第一创业上。2017 年 5 月 11 日，公司的 36 个限售股股东的共计 9.8 亿股解禁。随后，公司股价连续 3 个交易日跌停。

请记住：如果解禁的股东是大量持股比例不超过 5% 的中小股东，往往很难形成统一行动，抛售也不用"打招呼"，就容易发生踩踏事件。

十一、地产公司转型不慎，引爆地雷

2018 年以来，受宏观经济下行、结构性去杠杆政策等影响，部分房地产企业面对严峻的政策环境的考验，谋求转型发展。但是由于隔行如隔山，转型的同时风险紧随。

1. 银亿股份莫名跌停

2018 年 8 月 21 日起，银亿股份连续两日莫名其妙地跌停。8 月 23 日，银亿股份公告，银亿控股及其一致行动人跌破平仓线的质押股份总数为 16.81 亿股，存在可能被平仓的风险。原来是大股东的股权质押出事了！

银亿股份随即申请停牌，想利用股交所规则逃避下跌的速度，直至 11 月 20 日，深交所强制其复牌。复牌当天银亿股份股票继续跌停。截至 2019 年 9 月 27 日收盘，股价仅剩 1.41 元。

2. 转型汽车零部件制造商错了吗

2017 年，银亿股份作价一百多亿元收购了宁波昊圣和东方亿圣，从而间接持有美国 ARC 公司和比利时邦奇集团，从房地产转型到汽车零部件制造商。2018 年，银亿股份的子公司还与蔚然动力成立合资公司，加快在新能源领域的布局。

客观地说，银亿股份的收购符合十三五规划、中国制造 2025、汽车产业中长期发展规划等规划要求。"房地产 + 高端制造"双主业，有房还有车！听起来很有诱惑力。2018 年 7 月，银亿集团总裁助理张保柱信心满满地介绍，银亿集团目标在未来 3 年内实现盈利能力达到 20 亿—30 亿元人民币，营收达到千亿。

看起来很有前景！虽然 2018 年度营业收入还只有 89.70 亿元……

2018 年 7 月 14 日，银亿股份发布 2018 年半年度业绩预告，预计归母净利润 7.0—8.0 亿元，同比增长 110%—

140%。当月，财通证券研究员还发表研究报告《银亿股份：战略转型成果显著　盈利能力大幅增强》，给予增持的评级。看来，连专业的证券研究机构都没预知到银亿股份的雷。"入坑"的普通投资者表示心理可以平衡一下了。

3. 慷慨的分红

银亿股份 2013 年与 2014 年每年分红 1.03 亿元，2015 年年报无分红，2016 年年报分红 6422.70 万元。然而，2018 年 4 月 4 日，银亿股份发布 2017 年年报，高调分红 28 亿元！看起来很有"职业精神"的样子。公司在分红预案中披露："公司 2017 年度的资产负债率仅为 57.84%，同时具备较强的盈利能力和持续稳定的现金流，分红预案实施后不会造成公司流动资金短缺。"银亿股份看起来是响应证监会鼓励分红的号召，给投资者以分红回报，功德无量。

28 亿多元的现金分红让当时银亿股份的股息率达到 7%。有投资者很开心：这个公司业绩不错又大方，冲着这个分红也要买入啊！

值得注意的是，银亿股份股权分布较为集中。据 2017 年年报显示，公司前四大股东宁波银亿控股有限公司、宁波圣洲投资有限公司、熊基凯与西藏银亿投资管理有限公司所持有股份占总股本比例为 79%，且上述四大股东为第一大股东及一致行动人，都是董事长自家人。

也就是说，28 亿元的红包一扔，22 亿元将流回董事长自家的腰包，可谓"肥水不流外人田"。关键的是，现金分红的金额占报告期内净利润的176%，占报告期末累计可供分配利润的83%，可以说几乎把上市公司绝大部分可分配的利润都分掉了。

4. 过高分红影响公司正常运转

如果分红的这笔钱放在公司里能更加有效地增值并创造利润，为什么要分了它呢？分红的多寡并不能成为上市公司价值判断的依据。都分光的话，就不必成立公司了。那么，过高比例的分红是否会影响公司正常运转呢？

2018年年报中，银亿股份货币资金8.35亿元，流动负债190.37亿元，总负债达到217.15亿元，资产负债率59%。

此时，银亿股份还处在房地产企业转型制造的过渡状态，其可处置资产可能包含了一部分房子。房子比较容易变现，所以房地产公司资产负债率高是正常的。单纯从资产负债率来看，百分之六十左右的负债率低于一般房地产企业，高于一般汽车零部件制造商。那么这个负债率是否危险呢？当然是……不太好判断了。

对此问题，2018年年初有一篇媒体文章《银亿股份转型：壕分红28亿，百亿并购突破高端制造业"结界"》肯定地说："根据财报计算，2017年年底，银亿股份的有息负债率为33.84%。另外，银亿股份近年来的现金流较为充沛……"

有息负债率 33.84% 就一定没问题吗？这可不好说。从理论上讲，不管负债率、流动比率、速动比率、现金流量比率是多少，当债务到期的时候，只要没钱还就会出问题。

2018 年 12 月 24 日，银亿股份真的发生债务危机了！公司公告称，因短期内资金周转困难，致使发行的"银亿房地产股份有限公司 2015 年面向合格投资者公开发行公司债券（第一期）"未能如期偿付应付回售款本金，本期债券发行规模约为 3 亿元。

半年前刚分红 28 亿元的银亿公司居然连 3 亿元都拿不出来了！投资者表示："你逗我呢？"为了缓解压力与稳住市场情绪，银亿连发数条资产处置公告，出卖数个子公司资产，走上了"卖子求救"的道路。银亿还表示将调减甚至停发董事和公司高管的工资和奖金。

5. 如何大概估计底层资产的质量

一个富人用所有的钱买了长期理财产品，在到期前几天他暂时没有钱还信用卡，也会造成债务危机。当然，如果他从亲戚朋友等处借钱度过危机，等理财产品到期了就可以还钱，他还是一个信用良好的有前途的富人。

而面对 2018 年上半年的银亿股份，如果他是健康的，就算碰到一点小困难，度过了危机还是富人。能否度过危机关键还得看他的底层资产质量怎么样。如果银亿股份收购的资产质量很好，就算分红过度大方一点，还是有机会翻身的。

这时候，由房地产转型的企业就体现出底层资产的脆弱性。房地产业务一定程度上是金融业务，不是制造业。房地产企业的管理层对汽车零部件制造企业缺乏鉴别能力，所以转型就容易变身收购劣质资产的接盘侠。

银亿股份的最重要资产就是刚收购的两个国外的汽车零部件制造商。能否翻盘转型成功就看能否如期完成业绩承诺了！

可惜理想很丰满，现实很骨感。银亿股份收购的汽车零部件公司非但没能帮上忙，还拖后腿了。2018年全年，公司亏损 5.7 亿元。2019 年上半年，公司亏损 2.2 亿元。

6. 结语

假如时光倒流到 2018 年 7 月，单纯从财务指标上看，银亿股份属于可上可下的类型，说不清有没有风险。

投资者想避开这个风险事件，大概可以依靠两点。第一，对跨界收购的资产质量不过于乐观，对其业绩承诺要打个问号，不用业绩承诺来代替盈利预测和价值判断；第二，事出反常的"掏空式"分红会损害上市公司的利益。投资者必须果断"用脚投票"！

十二、为什么周黑鸭和绝味食品背道而驰

根据 2019 年中报，绝味食品收入 24.9 亿元，同比增长 19%，归母净利润 3.96 亿元，同比增长 26%；周黑鸭收入 16.3 亿元，同比增长 2%，归母净利润 2.24 亿元，同比下降 33%。

同样靠卤鸭起家的"鸭界大佬"，为什么一个利润大增，一个大降？

1. 不同的发展策略

绝味食品的策略是发展不同口味的鸭脖类产品，以"招牌风味""黑鸭风味""酱鸭风味""五香风味""藤椒风味"等多种口味来适应不同消费者的需求。绝味食品的品种数量在 200 个以上，不同区域因地制宜地发展不同的产品，如在上海的核心产品有二三十种。公司每年都在推陈出新，淘汰售货率不好的商品。

周黑鸭这位"鸭界大佬"却不甘心只做卤制品，颇为大胆地先后在小龙虾、电竞、彩妆、香氛、冰淇淋等多个领域尝试跨界，具体体现在开无人智慧门店、推出的"小辣吻"唇膏、和香氛品牌跨界办主题空间、举办电竞线下比赛、开设电竞主题的奶茶店等等。

人生在于折腾。

——某著名哲学家

2. 小龙虾：周黑鸭最大的败笔

（1）小龙虾似乎是个大市场

农业农村部发布的《小龙虾产业发展报告》："2017年全国小龙虾全社会经济总产值约 2685 亿元，比 2016 年增长 83.15%。2018 年我国小龙虾产业总产值达 3690 亿元，同比增长 37.5%。"

面对这么庞大的市场，不安分的周黑鸭就思考了：这么可观的市场，"鸭界一哥"能不能再当一回"虾界老大"呢？还能通过小龙虾与绝味食品等鸭脖品牌进行差异化竞争，听起来似乎不错。

（2）初战小龙虾，黯淡离场

2017 年 5 月 8 日，周黑鸭正式推出小龙虾产品"聚一虾"。"聚一虾"上线数日，日均销量即突破 3000 盒，看样子挺受消费者重视的！但是，更多的消费者只是好奇，尝鲜而已。

吃完之后，"太干""太柴""太辣""太贵"等差评如潮来袭。"历时 5760 个小时研发"和"1988 次味道品评的新品"两个标签黯然失色。该产品好评率一直不足90%，这也是周黑鸭旗下口碑最差的单品。

上线仅三个月，2017 年 8 月，"聚一虾"悄然下线。公司解释称："因为公司生产线尚不具备规模生产能力，而公司正在建设小龙虾的生产线。……目前正在开发更加符合消费者口味的产品，让消费者更有感觉。"

但是周黑鸭似乎铁定要做小龙虾项目。2017年6月8日，周黑鸭的"聚一虾"生产基地项目就在潜江开工。该项目占地450亩，总投资10亿元，主要建设年产10万吨小龙虾生产线及冷库、动力中心等配套设施。

（3）再战小龙虾，依旧不如人意

2018年1月14日，周黑鸭重新上市小龙虾——冬季特别版"聚一虾"。对比2017年版，2018年主推的是"小清新口味"，这款新品在卤煮过程中加入了数种绿色蔬菜。当时还有一篇报道《明明可以靠鸭吃饭，为何不肯放过小龙虾》，对小龙虾销售进行了预热。

二战的效果怎么样呢？销售惨淡！2018年1月24日到2月1日进行预售，周黑鸭官方微信商城销量为172份，天猫旗舰店预售出305份，京东仅有44件预定，加起来只卖出了500多份。不禁让人怀疑，一个随性而买的小龙虾还要预订，不是手机也不是电视机，是否想多了？

而竞品熟食小龙虾的销售业绩如何呢？2018年6月为例，天猫和京东熟食小龙虾的优秀商家月销量都有5000份以上，而其中销量最高的洪湖渔家旗舰店月销量超过20000份。

2019年，周黑鸭的天猫旗舰店和京东上都已没有了小龙虾的销售。

3. 直接问题在性价比太低

（1）价格太贵。一盒260g规格9只的小龙虾定价55.9元，折合成一斤是107元，显著贵于外卖小龙虾和天猫上40—70元一斤的熟食小龙虾。

（2）口感不好。消费者对周黑鸭的小龙虾的口感有许多差评，如肉质偏干、味道偏咸等。口感问题可能都源自周黑鸭引以为豪的"卤制"处理方法。消费者吃惯了鲜香多汁的热龙虾。而周黑鸭的小龙虾经过卤制和冷却之后，个头缩小，色泽变黑，肉质也会变柴。

4. 归根结底是因为冷食和热食缺乏协同效应

周黑鸭本来卖鸭脖卖得挺好的，却异想天开利用自己的销售网络卖小龙虾，再造一个周黑鸭。殊不知，冷食和热食是完全不同的产品，把小龙虾定位为类似于卤鸭等产品一样的冷食就是错误的开始。

麻辣、油焖、十三香等各种口味的热食小龙虾，在消费者心中充满回忆。伴随着牙齿撕碎虾壳的"咔咔"声，鲜香之味从舌尖到肠胃，弥漫得无处不在。再揪起啤酒瓶仰头猛灌一口，镇压住冒火的味蕾。浓郁浑厚的滋味刺激着神经，给深夜觅食的人们带来精神上的极大快感！而反观周黑鸭的冷食小龙虾，并无社交属性，也并非这些人群的选择对象。

冷食和热食是两种类型的饮食，适合热食吃的不一定适合加工为冷食。虽然都是食品，但是热食和冷食的生产、管理和销售都是完全不同的。想想看，为什么肯德基不卖鸭脖、鸡脖之类的卤制品呢？热食和冷食的客户人群不同、后勤供应链也不同，同样的人力资源并不足以支撑不同的业务。2017 年年底，周黑鸭的现金一共 20 亿元，却要拿出 10 亿元去投资小龙虾，不仅花费资金，还牵扯精力，鸭制品的主业能不退步吗？

销售网络是很可贵的资源，但是销售网络也不是万能的，一种销售网络只能承载有协同效应的商品。比如，天然气公司的销售网络似乎遍及千家万户，为什么就不能成为广告公司呢？中石化、中石油的销售网络遍及全国，为什么就不能卖咖啡，抢星巴克的饭碗呢？

十二、如何回避保千里之雷

1. 2018 年年初最大的股市爆雷

2017 年 7 月 24 日，保千里股价跌停，次日停牌。

停牌期间，噩耗不停。保千里先后发布终止重大资产重组、股东股份被司法轮候冻结、占净资产 10% 金额高达 4.55 亿元债务逾期、先后收到江苏证监局行政处罚和证监会的调查通知书等多项利空消息。2017 年 12 月 26 日，保千里公告，就原实际控制人庄敏涉嫌侵占公司利益事宜，向证券监管部门及公安机关报案。

2017 年 12 月 29 日保千里复牌，之后连续 28 个跌停，获得"2018 年初最大地雷"称号。

2. 提前规避保千里之雷很容易

保千里之雷，并不是什么深水炸弹，而是早就有苗头的、一半露在地面上的雷。早在一年前，即 2016 年 12 月 29 日，证监会就给保千里送上"年终礼"——《调查通知书》。

如果说证监会这份礼物没有引起投资者的充分重视，那接下来保千里的公告无异于敲锣打鼓地提示风险了。

在爆雷前，保千里 6 次发布《关于立案调查进展暨风险提示的公告》，明确指出："公司股票存在可能被实施退市风险警示及暂停上市的风险。"

尽管前方警灯亮起，还有很多"艺高人胆大"的投资者在危险的边缘试探，2017 年 7 月保千里的日均成交金额仍然维持在 1 亿元以上。公司股价竟然稳如老马地走了近半年。

2017 年 7 月 12 日，中国证监会的《行政处罚事先告知书》坐实了庄敏等人造假的事实：保千里在 2014 年至 2015 年的重组中，提供了九份内容虚假的协议，导致其收购资产的评估值虚增了 2.73 亿元，上市公司为此支付股份 1.29 亿股。

按常理说，造假事实摆在眼前，投资者应该是有多远躲多远，此时不走更待"爆雷"时？然而，有些人看到保千里的明枪，偏偏不躲。

3. 偏偏有人不愿意避雷

大千世界，无奇不有，有些投资者的心路绕了十八弯，看到利空，竟然解读为利好。7月12日当天，有位网名为"yaya721"的投资者在股吧表示："这一利空出尽所形成的利好，刚刚开始释放，它对公司长期走势形成正面影响，而对近期7月走势的影响则很可能是非常巨大的。保千里的明天值得期待。"这理由听起来竟然有些深沉，有投资者都怀疑这是保千里派来的托了。

让人意外的是，专业投资机构民生证券也在当天晚上发布研报看好保千里："公司等涉嫌信息披露违法案由中国证监会调查完毕，处理结果符合我们之前的预期……本次立案调查结果对公司的主营业务不构成重大影响，公司业务布局正迎来发展机遇，影响股价的不确定因素正在消除。公司价值低估，看好公司在汽车电子领域的长期发展潜力。"

该篇研报中，研究员表示处理结果符合预想。至于实际控制人的不诚信行为都是浮云，不在该研究员的思虑范围内。推荐一时爽，被查悔青肠。民生证券没等到保千里的机遇，反倒等来了证监会。

2018 年 7 月 17 日，证监会认定民生证券发布的研报评级、风险提示审慎性不足，对民生证券出具监管警示函。

4. 不愿避雷是什么心理

证监会在保千里爆雷前已经发出问询函了，庄敏等人造假实锤，保千里也"好心"地多次发布爆雷预警，且这些都是公开信息。为什么还有投资者和券商痴情地守着保千里不愿离去呢？难道保千里有什么勾人心的秘术？

以民生证券在保千里被查后所发布的 11 篇研报为例，其中不乏"公司各项主业处于快速发展阶段""公司在智能硬件产品上拥有核心竞争优势"等语句，却只字不提管理层的人品、契约精神等等。

他们重视的是公司现在的业务情况怎么样，产品怎么样，能不能畅销，能不能赚钱，丝毫不考虑大股东的人品如何，诚信度如何。他们重事的程度远远大于重人，所以，保千里天花乱坠的美好业务吸引了他们。而希望捞点好处的他们，反而让大股东捞了一把，成了一根风中飘扬的"韭菜"。投资跟找对象一样，可不能看钱不看人。

天时不如地利，地利不如人和。

——《孟子》

其实，不管公司的业务多好，前景多么诱人，只要实际控制人在人品上存在严重瑕疵，有过欺诈中小股东的前科的，都要坚决放弃。毕竟一个公司的产品再好，也是要靠人来落实推进的。无信不立，公司管理层的诚信比公司的业务更加重要。

与狼共舞，也许偶尔能占到一点便宜，但是最终还是会成为它们的腹中之食；与骗子共舞，也许偶尔能捞到一点好处，但是最终还是会成为他们的囊中之物。

投资既要对事也要对人。成事在人！

十四、路远坑深的金贵银业

1.金贵银业之雷

2019年10月7日晚间，金贵银业公告，因控股股东、实控人占用10亿元资金且未按期归还，公司股票将被特别处理。

8日停牌一天。9日复牌后，ST金贵股价连续一字跌停。

金贵银业在漫漫下坡路上走了许久了。2018年4月12日，金贵银业的股价是12.16元（复权后）。此后，金贵银业的股价就开始下跌，截至2019年10月11日，股价只有4.70元。这不只是腰斩了，这是高位截肢啊！

投资者完全可以在2018年4月前发现端倪，从而避开这个地雷的。

2. 实际控制人亲属大量减持

2017 年 9 月 26 日金贵银业公告，大股东、实控人曹永贵的配偶许丽于 2017 年 9 月 25 日通过大宗交易方式累计减持 1037.24 万股，占公司股份总数的 1.84%，一下子就把手中所有的股份全部抛掉。

曹永贵的配偶刚减持完不到三个月，直系亲属邓向阳、许晓梅就接踵而至，于 2017 年 12 月 26 日减持 285.53 万股，占公司股份总数的 0.51%。值得注意的是，减持的数额虽小，却也是他们手中的全部股份。

2017 年 12 月 30 日，金贵银业公告，曹永德、张平西、许军这三位曹永贵的家庭成员在前两日通过大宗交易方式累计减持 579 万股，占公司股份总数的 1.02%。这次减持倒还留有余地，然而减持的是这些亲属的所有无限售条件股。也就是说，能卖的股票打算都卖了。

实际控制人亲属蜂拥减持，完全一副杀猪过年的情形，让人不寒而栗。

3. 公司公告反复无常

金贵银业 2018 年 2 月 3 日公告，曹永贵拟增持金额不超过 3 亿元人民币，且增持比例不超过公司总股本的 3%。

但是过了两天，也就是 2 月 6 日，公司更正公告，增持比例改为不超过公司总股本的 2%，同时增加了一句"增持金额不低于 5000 万元"。

讲真，您就不能想清楚了再决定增持多少吗？

不仅如此，公司还多次修改利润分配方案。2018 年 2 月 8 日，金贵银业公告称，2017 年利润分配拟 10 股转 12 股并派 1 元。

两个小时后，金贵又披露高送转方案的补充更正公告，将利润分配及资本公积金转增股本预案变更为拟 10 转 10 派 1 元。对此，金贵银业表示此前是工作人员疏忽。

4 月 20 日，金贵银业再次将 2017 年度利润分配预案调整为 10 转 7 派 1 元。不是我不明白，这世界变化快！

在停牌时间上，金贵银业也信口开河。在 2018 年 5 月到 8 月的停牌期间，多次修改复牌时间。5 月 3 日公告："预计停牌时间不超过 5 个交易日。"5 月 9 日公告："承诺停牌时间不超过 1 个月。"到了儿童节又"调皮"地表示："继续停牌时间不超过 1 个月。"6 月 29 日又公告："累计停牌时间自首次停牌之日起不超过 3 个月。"7 月 14 日再次延长停牌时间："自停牌首日起累计不超过 4 个月。"

玩过家家，也不过如此。这样反复无常的企业，也太不稳重了，估计一向沉稳持重的曾国藩老大人知道了会受不了的。

4. 第二次避雷的机会

如果投资者没有在 2018 年 4 月前避开，那在 2019 年国庆前夕，投资者也有第二次避雷的机会。

（1）大股东占用资金早有痕迹

金贵银业于 8 月 30 日发布的 2019 年半年报显示，曹永贵新增占用金额为 10.14 亿元，占公司最近一期经审计净资产比例 27%，期间日最高占用额 14.42 亿元。

就在这份半年报发布几分钟后，深交所就火速下发了关注函，就资金占用事项问询了多个问题。9 月 7 日，公司对上述关注函进行回复，曹永贵当时表示，将在 2019 年 9 月 30 日前偿还所占资金。

（2）诉讼纠纷不断

在爆雷前的一年时间里，金贵银业连续发布账户被冻结及股权被轮候冻结的信息，还收到多个诉讼。

2018 年 11 月，上海某公司将金贵银业告上了法院。因为曹永贵用公司的章，给自己的房产公司借款做担保。随后房产公司无力偿债，债主自然找上了金贵银业。这笔款子仅仅涉资 1.6 亿元，却暴露了公司内部控制失效的事实。为此，天健会计师事务所对 2018 年财报出具了保留意见审计报告。

一切公开信息都显示，金贵银业已是一团乱麻。

（3）密集的高管离职、实控人亲友团清仓式减持

2019 年 4 月以来，公司先后已有 5 位董事、监事、高管离职。

4 月 22 日，董秘孟建怡在年报发布前一周突然辞职，此后独立董事赵德军、喻宇汉也挂冠而去。7 月 27 日，公司财务总监陈占齐和副总裁刘承锰宣布辞职。至此，3 个月时间金贵银业离职董事和高管已达 5 人。

8 月 13 日晚间，金贵银业公告，曹永德在内的 5 位董事、监事、高管抛出集体减持计划，拟减持不超过公司总股本 0.97% 的股份。

这减持的股份不多，却是高管持有的所有无限售条件股，这一幕看起来就是 2018 年的翻版。

（4）债券评级机构多次下调评级

评级机构东方金诚在 2019 年 8 月 15 日公告，将金贵银业主体信用等级由 AA- 下调至 A，评级展望为负面，并将"14 金贵债"信用等级由 AA- 下调至 A。

9 月 16 日，东方金诚将金贵银业主体信用等级由 A 下调至 BBB，评级展望为负面，并将"14 金贵债"信用等级由 A 下调至 BBB。

9 月 23 日，东方金诚将金贵银业主体信用等级由 BBB 下调至 BB-，评级展望为负面，并将"14 金贵债"信用等级由 BBB 下调至 BB-。

评级公司一再下调评级，可见金贵银业所面临的债务危

机不可小觑。

5.避雷最重要的是心态，而不是智商

总之，大股东家属减持、公司政策反复无常、高管大批离职、大股东占用上市公司资金，这些不好的事，金贵银业都摊上了。可是为什么在 2019 年上半年，该股票的日交易额还经常有几十亿元呢？这些投资者买卖究竟是冲着什么而来呢？因为这个阶段黄金价格上涨，他们是冲着这个题材来的，是抱着短线投机的心态而来的。

要说这些炒家傻吧，他们也不傻，谈起国际形势头头是道，说不定其中还有名牌大学毕业的。正如查理·芒格所强调，投资成功往往不需要特别独门的黑科技，而更需要常识和理性。

十五、如何回避长安汽车的业绩风险

汽车股属于周期性较强、受政策影响比较大的消费股，在投资的时候该注意什么呢？本文以长安汽车为例，谈谈如何规避其 2016 年和后来的业绩下滑和股价大跌。

从 2015 年 4 月 27 日开始，长安汽车的股价从最高价27.01 元开始下跌，到 2019 年 10 月 11 日收盘，公司股价仅为 7.84 元。

冰冻三尺非一日之寒，股价下跌非一日之功。长安汽车遵循了典型的渠道扩张驱动业绩增长的模式，也得了该模式的后遗症。

1. 销售渠道扩张周期结束

2014—2015年长安汽车迎来了春天，销售渠道大幅扩张，业绩也水涨船高。

2014年收入529.13亿元，同比增长35%；归母净利润75.6亿元，同比增长124%；2015年收入667.72亿元，同比增长26%；归母净利润99.53亿元，同比增长32%。

2014年3月21日，股价最低为8.6元。此后，一直到2015年4月，股价一路攀升，看起来是个白马股。

长安汽车这两年业绩的高增长，主要是靠销售渠道扩张拉动的。2014年经销商数量增长为61%，在2014年6月甚至还出现了88家经销商同时开业的盛况。2015年经销商数量增长放缓了，仅为13%。

长安福特的经销商数量变化：

年份	数量
2013	466家
2014	750家
2015	850家
2016	850家以上
2017	900家以上

2016 年，长安福特经销商数量增长陷入停滞。

一旦销售渠道扩张结束，收入能否继续高增长，就得看产品给力不给力。如果产品力够强，收入还能继续噌噌往上长。如果产品力不咋地，扩张周期就会逆转为收缩周期。不幸的是，长安汽车属于后者。

2. 如何判断渠道扩张的结束

作为投资者，判断出渠道扩张的结束时点非常重要。

2016 年 4 月 6 日，湖南省内的 24 家长安福特经销商联合发函给厂家称，由于库存压力大、经营困难，一致要求"自 2016 年 4 月 7 日起暂时停止从贵公司提车，并不再接受自动配送的板车资源，否则，一切后果由贵公司自行承担"。

该事件给长安福特的渠道扩张期画上了句号，也给投资者亮起了红灯。

3. 销售果然放缓了

2016 年长安汽车的归母净利润仅增长 3%。长安汽车的净利润 85% 以上是由长安福特这个顶梁柱贡献的，净利润增长缓慢主要是因为长安福特的增速缓慢。2016 年长安福特投资收益为 90.29 亿元，仅增长 4%。2016 年长安福特销售 94.38 万辆，同比增长 9%。

HOW
TO
INVEST

Learn from
Charles
Thomas
Munger

147

分项数据显示，长安福特的主力车型在 2016 年销售量的增长并不显著，而增长较快的锐界、福睿斯的销量占比不大，不能带动长安福特的业绩大幅增长。

2016 年，长安汽车的归母净利润增速仅为 3%，2017年净利润增速为负 31%，2018 年为负 90%。

4. 产品力并不支持渠道的扩张

销量的增速放缓，与国家政策有一定关系。2015 年 10月 1 日至 2016 年 12 月 31 日，国家对购置 1.6L 及以下排量乘用车减按 5% 的税率征收车辆购置税。不巧的是，时运不济的长安福特鲜有符合优惠政策的车型，业绩增长自然不高。"运"是销售增速缓慢的原因之一，但更重要的是汽车性价比中的"性"，即汽车质量不高。

2016 年 2 月 10 日，一辆长安福特金牛座在试驾过程中发生碰撞导致前轴断裂。然而这只是个开始，翼虎、锐界、蒙迪欧、福克斯在"断轴盛宴"中也陆续登场。

很多厂家都出现过断轴问题，但全系断轴仅长安福特一家。这可能也是中国汽车产业发展几十年来，第一家旗下全系车型都存在类似质量问题的整车制造企业。

诸多品质问题的频发让长安福特在投诉榜上位居前列。根据中国消费者协会公布的《全国消协组织受理汽车产品投诉情况分析报告》，2016 年长安福特全年被投诉 489 次，在所有品牌中排名第二；2017 年长安福特全年被投诉 850

次，在所有品牌中位列榜首。如此高的投诉次数，也难怪经销商不想卖长安福特了，毕竟做生意不是招人骂。

5. 与长城汽车形成鲜明对比

不同于长安汽车，长城汽车 2016 年净利润增速显著，收入 986.16 亿元，增长 30%，汽车销量增长 26%。

长城汽车 2016 年的销量增长主要是由哈弗 H2、H6 贡献的。其中被誉为"中国运动型实用汽车（SUV）领跑者"的哈弗 H6 贡献最大，该车型在 SUV 里面价位较低，配置齐全，百公里油耗低，奠定了公司 2016 年业绩的高速增长。

"撞脸"哈弗 H6、售价整体稍低的哈弗 H2 也蹭了一波热度，在 2016 年的整体销量很可观。长城汽车的行业嗅觉还挺灵敏，紧跟政策，这两款车都被纳入 2016 年购置税优惠范围，带动了更多销量。

在汽车质量上，根据汽车之家的样本数据，2016 年长城汽车全年被投诉 129 次，在所有品牌中排名第 24，显著优于投诉量排名第 2 的长安福特。

在经销商方面，2015—2016 年长城的哈弗在《中国汽车经销商对供应商满意度调查》排名中均位居榜首。而长安福特在这两年却分别排名第 15、第 14。看来，长安福特与经销商的矛盾在 2015 年已有迹可循。

6. 结语

几乎所有商品在渠道商大幅扩张、跑马圈地的时候，销量都会大增。但是，如果这个商品的质量不可靠，那么圈来的地也维持不住，在经销商大幅扩张周期结束之后，商品的销量就会逆转。没有硬寨的军事扩张是经不起敌军的反攻的。没有产品力支持的单纯渠道扩张是脆弱的。长安汽车就是一个案例。

十六、如何提前规避航天通信的投资风险

1. 航天通信之雷

2019年10月14日晚间，航天通信发布公告，详细披露公司股东邹永杭的股份被冻结、下属子公司智慧海派出现应收款项大额逾期与银行债务违约等重大风险事项，以及经公司初步核查智慧海派存在业绩虚假的情形等情况。公告发布后，航天通信股价连续3日跌停。

跌停之后，有些投资者抱怨道："为什么国有企业都会有造假呢？"需要注意，航天通信虽然是国有企业，但是航天科工集团只持有19%的股份，占比较低。旗下的子公司，国有企业的成分就更少了，于是很多问题发生在子公司的层面。

2. 七年内多次发生财务舞弊

2007年11月6日，财政部在发布的第十三号会计信息质量检查公告中，认定航天通信在2003—2005年间划出资金通过其他单位进行周转，虚增利润3110万元。

2010年8月18日，浙江证监局发现，航天通信的子公司成都航天通信设备有限公司虚增2009年收入2021万元、子公司沈阳航天机械有限责任公司虚增2009年收入1092万元。

2012年12月10日，浙江证监局下发的监管决定书指出，航天通信的子公司张家港保税区新乐毛纺织造有限公司财务基础薄弱，与部分客户的业务及资金往来频繁、账实不符，存货及固定资产管理存在重大缺陷。

2014年9月19日，浙江证监局下发的监管决定书显示，2013年12月，航天通信的子公司易讯科技股份有限公司通过伪造虚假采购合同、销售合同等，使公司2013年度虚增营业收入4555.65万元，虚增净利润440.84万元。

对于有前科的公司，惹不起躲得起。

3. 早年的非标意见

2016年，智慧海派第一次并表到航天通信，当年实现净利润3.29亿。不过，2017年4月，航天通信的会计事务所天职国际对2016年年报出具了非标准无保留意见。报告显示："我们认为，由于其所涉及的供应链企业下游客户和上游供应商的确定存在受智慧海派重大影响的情况，且相关内部控制缺失，我们无法准确判断……"

让人惊诧的是，在天职国际出具了非标意见后不到 4 个月，航天通信就更换了会计事务所，把天职国际换成瑞华会计师事务所。瑞华也"不负所托"，在 2017 年和 2018 年给航天通信的审计意见都是标准无保留意见。

4. 上交所处分四任董事长秘书

在航天通信的雷爆发之前，航天通信已经因为信息披露违规被上交所通报批评三次，牵连四任董事长秘书。

2014 年 6 月，上交所通报批评了时任航天通信董事长秘书的徐某。违规事项包括 2013 年度业绩预告不准确、搬迁项目信息披露存在违规。

2018 年 6 月，上交所通报批评处分了时任航天通信董事长秘书的陈某。处分原因是陈某在对子公司部分股权的挂牌转让上连续出现违规。

2019 年 6 月，上交所对现任董事长秘书吴某与上一任董事长秘书江某予以通报批评。

5. 智慧海派早已出现诸多问题

自从航天通信 2015 年收购智慧海派以来，上交所连续 4 年对公司年报发出了问询函或监管函。然而，航天通信每次均表示经营正常、财务及业绩真实、前期业绩承诺均已实现。直到2019年，这个隐藏的雷终于被引爆了。无风不起浪，上交所的问询绝不是空穴来风。

根据启信宝数据显示，2019年4月3日，北京市大兴区人民法院把智慧海派列为"被执行人"；7月12日，南昌市中级人民法院把智慧海派列为"被执行人"；8月20日，南昌经济技术开发区人民法院把智慧海派列为"被执行人"。被执行人指的是在法定的上诉期满后，或终审判决做出后，拒不履行法院判决或仲裁裁决的当事人。

智慧海派曾是国内手机原始设计制造商（ODM）供货商前三强，服务对象包括小米、联想、中国移动、中国联通等全球主流品牌，曾取得2017年手机行业"十大ODM综合实力企业"的辉煌成绩。智慧海派手机产品的主要客户包括HTC、宇龙酷派等。宇龙酷派一度是公司最大客户，销售收入占比超过60%。对第一大客户过度依赖，注定了智慧海派的业绩波动较大。果不其然，随着这几年智能手机产业的遇冷，问题集中爆发了。

十七、产品涨价的消费类股票通常何时爆出地雷

由产品涨价而带动的消费类牛股往往是市场投资者追寻的对象。价值投资者特别偏好这类股票，然而这类股票也有可能爆出地雷。如何掌握这类股票爆雷的时间规律，是一件非常有技巧的工作。

2019 年 7 月 30 日晚，涪陵榨菜的半年报爆雷，二季度的净利润为 1.60 亿元，同比减少 16%，随后股价跌停。

8 月 22 日，东阿阿胶公布的半年报显示，上半年净利润仅 1.93 亿元，同比下降 78%，随后股价跌停。

2018 年是宏观经济不景气、金融去杠杆比较严厉的一年。为什么这两家公司在 2018 年没出问题，反而在 2019 年出问题了呢？

首先，东阿阿胶与涪陵榨菜都属于消费类公司，而消费类公司对宏观经济的敏感度并不高，所以业绩地雷具有滞后性。

当然，并不是所有的消费股都会出现业绩地雷，但是那些前几年产品连续涨价的消费股，有可能在宏观经济下滑的末期出现业绩地雷。

东阿阿胶与涪陵榨菜都在过去几年连续提高产品价格。浙商证券统计，2005 年至 2018 年，东阿阿胶累计提价 18 次，阿胶价格增长了 20 倍。根据长城证券的数据，从 2008 年开始到 2018 年，涪陵榨菜经历 12 次提价或变相提价。

由于公司连续几年提高产品价格，渠道商已经形成了一种涨价预期，从而倾向于保持较高的库存。一旦发现销路不畅，渠道商首先就会对库存做出调整。在调整库存的时候，就会阶段性地停止向上游厂商的进货，于是在上游厂商就表现为收入的断崖式下滑。对上游厂商而言，就产生了滞后于宏观经济、也滞后于渠道商预期调整的业绩地雷。东阿阿胶和涪陵榨菜这两个公司就是此轮经济调整过程的典型案例。

对于投资类产品来讲，在宏观经济不景气的第 1 年，就会出现业绩的下滑。对于大多数消费类商品来讲，产品连续提价终将在某一年，尤其是宏观经济不景气的第 2 年出现业绩疲态。晨鸣纸业和古越龙山也是这样的案例。

晨鸣纸业在 2016 年、2017 年、2018 年均有上调产品价格，在 2019 年 3、4 月份也对产品进行提价。

2019 年 8 月 16 日，晨鸣纸业公布的半年报显示，2019 年上半年实现营业收入 133.49 亿元，同比减少 14%；归母净利润为 5.10 亿元，同比减少 71%。

半报年份	营业收入（亿元）	同比增长（%）	归母净利润（亿元）	同比增长（%）
2016	106.06	9	9.39	240
2017	137.49	30	17.46	86
2018	155.51	13	17.85	2

古越龙山在 2016 年 4 月到 2019 年 5 月间，5 次提高产品价格。

2019 年 8 月 5 日晚，古越龙山发布半年报，2019 上半年实现营业总收入 9.55 亿元，同比下降 2%；实现归母净利润 1.01 亿元，同比下降 2%。

半报年份	营业收入（亿元）	同比增长（%）	归母净利润（亿元）	同比增长（%）
2016	8.66	22	0.81	16
2017	8.98	4	0.94	16
2018	9.72	8	1.04	10

HOW
TO
INVEST

Learn from
Charles
Thomas
Munger

155

十八、绝味食品为什么摆脱了业绩下滑的规律

对于绝大多数消费品来讲，如果连续几年提价，那么到经济衰退的第 2 年将有可能出现业绩下滑。然而，绝味食品这几年的表现打破了这个常规。绝味食品在近几年不断提高产品价格，但是在 2018 年与 2019 年上半年，它的业绩仍蒸蒸日上。

2018 年年报显示，绝味食品实现营收 43.68 亿元，同比增长 13%；归母净利润为 6.41 亿元，同比增长 28%。2019 年中报显示，绝味食品实现营收 24.90 亿元，同比增长 19%；归母净利润为 3.96 亿元，同比增长 26%。

绝味食品能摆脱业绩下滑规律的原因主要包括以下三点：

第一，绝味食品的提价幅度较小。根据中信建投证券的资料，绝味食品的产品均价从 2013 年的 29.70 元 / 千克提升至 2017 年的 34.44 元 / 千克，年均增幅仅 4%。

第二，绝味鸭脖虽然连续几年提价动作不断，但其价格仍然低于同行业，因此没有因为涨价而被替代。相较之下，涪陵榨菜和东阿阿胶在连续几年提价之后，价格远远超过同类产品，因此业绩开始走下坡路。

第三，绝味食品的主营业务收入 95% 以上都是由鲜货产品贡献的。鲜货产品的保质期较短，所以很少会出现囤货的现象，因而也不会有经济衰退期的渠道商"去库存"行为。

就目前看来，绝味食品主要采取一二线加盟的扩张模式（未来可能大量布局三四线城市，成为业绩增长的引擎），

需求端不断增长，新开门店数量增加，带来增长动力。

　　值得注意的是，当绝味食品的提价幅度过高导致价格远高于同行业时，下游门店的销售压力将会增大，门店扩张的速度将放缓，绝味食品的业绩也会受到波及。

HOW
TO
INVEST

Learn from
Charles
Thomas
Munger

157

第四章　诚的艺术：我也可能犯错

一、从错误中学习

　　美国心理学家桑代克曾经做过一个迷笼实验。桑代克把饥饿的猫关入有着开门机关的迷笼中，让猫反复尝试，看猫是否能够逃出笼外。经过多次尝试错误，饿猫学会了迅速开门。桑代克认为，动物是通过反复尝试错误而获得经验的。学习的过程是一种渐进的尝试错误的过程。根据这一理论，人们把桑代克关于学习的论述称为"尝试错误说"。

　　如果因为害怕错误便不去尝试，那猫便会饿死；如果沉浸在错误中无法自拔，那猫可能会得抑郁症。人非圣贤，孰能无过？一个人对待错误的态度，决定了一个人的命运。

　　在20世纪70年代，查理·芒格错过了一笔该做的投资。如果查理·芒格没犯那个错，他的资产会是现在的两倍。2019年2月，在每日期刊公司年会上，查理·芒格回忆起这件事时云淡风轻地笑道："生活就是这样，错过一两个机会，是在所难免的。"

似乎很多事情本来可以做得更好，很多错误本来可以避免，很多机会本来可以抓住。"本来"这一词，含着太多的遗憾。对自己真诚，意味着直面自己的内心，直视种种正确与错误，接受不完美的人生。

智者千虑，必有一失。如果一直拿着天文望远镜去盯着自己过去的错误，一味地懊悔和抱怨，就会像得了慢性病一样让身心时时刻刻受着折磨。查理・芒格说："谁都必然有错过机会的时候，这是注定的。我始终认为，改变不了的事，就别太纠结。牢骚满腹、怨天怨地是人生大忌。道理很简单，许多人却因此白白地毁了自己。"

But it's the nature of thing that you're going to blow one occasionally. My general idea is there's no point in fretting too much about what you can't fix. It's a big mistake to fill yourself with resentments and hatreds and so on. It's such a simple idea but so many people ruin their lives unnecessarily.

2019年5月，在伯克希尔・哈撒韦股东大会上，查理・芒格谈起自己做过的最蠢的决定。在年轻时，查理・芒格曾买入埃尔德里奇石油的股票，股票很快就涨了30倍。可惜，查理・芒格在股票涨5倍时就把它卖了。查理・芒格调侃道："在座的各位，谁如果做了愚蠢的决定，请看看台上的我，你会感觉好很多。"

So, if any of you have made any dumb decisions,

look up here and feel good about yourselves.

面对自己过去的错误，除了不抱怨，学会总结才是更重要的。毕竟错都犯了，智商税情商税不能白交啊！起码要买到经验与教训才不亏。有的人犯错之后就会乐观地说："这次交了'学费'，下次就学会了。"

不少人喜欢研究成功学，查理·芒格却致力于琢磨失败学。《左传》说："知错能改，善莫大焉。"查理·芒格不仅知自己的错，也知他人的错。查理·芒格长期研究各种失败案例，并从各种失败经验中采摘果实，列出需要考虑的因素，从而最大限度地减少错误、避开陷阱，才成就了现在的查理·芒格。

曾国藩是一个失败经验总结大师。同治六年（1867年）二月二十九日，曾国藩在家书中写道，我的长进全是在遭受挫折、备受侮辱之时，要吃一堑长一智，千万不能遭受挫折就气馁。

> 谚云吃一堑长一智，吾生平长进全在受挫受辱之时。务须咬牙励志，蓄其气而长其智，切不可苶然自馁也。

曾国藩对自己的要求很严格，"不为圣贤，便为禽兽"，经常在日记中反省自己。一旦犯了错，曾国藩就开启自我痛斥模式。曾大人急起来连自己都会骂，多次在日记中骂自己"真禽兽矣""真不是人""厚颜""可耻可恨"。

除了反省自身错误外，曾国藩还启用了外部监督。咸丰九年（1859年）五月初六，曾国藩写信给曾国潢说，老弟啊，如果你听说我在外有过错的话，不妨写信告诉我。

贤弟闻我在外近日尚有些什么错处，不妨写信告我。

如苦行僧一般的步步探索、坚持纠错，造就了一代名臣曾国藩。

如何降低出错的概率呢？查理·芒格认为，聪明人之所以经常犯错，是因为没有使用检查清单。聪明的飞行员即使才华再过人，经验再丰富，也决不会不使用检查清单。也就是知道哪些事情不能做便不去做，知道哪里有坑便不去踩，知道哪里水浑便不去蹚。

有的人在错误中失魂落魄，跌落谷底；有的人在错误中漫不经心，纹丝不动；有的人在错误中获益匪浅，走向辉煌。

二、只有不断进化的投资策略，没有完美的投资策略

人不是一出生就带着最优的生存策略来到这个世界上的。人的成长，就是不断自我进化的过程。成功人士，都是能够不断适应环境变化且不断进化生存策略的。

查理·芒格和巴菲特的投资策略也是不断进化的。一开始，他们只喜欢收购一些低于净资产的特别便宜的公司来获取差价。2003年，查理·芒格在伯克希尔·哈撒韦公司的

HOW
TO
INVEST

Learn from
Charles
Thomas
Munger

161

股东大会上说道："如果喜诗糖果（在我们收购它的时候）再多要 10 万美元（巴菲特插嘴说：'1 万美元'），沃伦和我就会走开——我们那时就是那么蠢。"

If See's Candy [when we were buying it] had asked for $100000 more [Buffett chimed in, "$10000 more"], Warren and I would have walked—that's how dumb we were.

后来，芒格和巴菲特突破了旧的思想。巴菲特说："本杰明·格拉汉姆曾经教我只买便宜的股票，查理让我改变了这种做法。"

1994 年，查理·芒格在南加州大学演讲时表示："我们起初是格拉汉姆的信徒，也取得了不错的成绩，但慢慢地，我们培养起了更好的眼光。我们发现，有的股票虽然价格是其账面价值的两三倍，但仍然是非常便宜的，因为该公司有可能正处于增长的通道上，它的某个管理人员可能非常优秀，或者整个管理体系非常出色等等。"

And so having started out as Grahamites—which, by the way, worked fine—we gradually got what I would call better insights. And we realized that some company that was selling at two or three times book value could still be a hell of a bargain because of momentums implicit in its position, sometimes combined with an unusual managerial skill plainly present in some individual or other, or some system or other.

达尔文的《物种起源》系统地阐述了进化论思想，开创了生物学发展史上的新纪元。达尔文指出，生活条件的变化，将为有益的一些变异的出现提供更好的机会，进而会有利于自然选择。

有观点认为，恐龙在进化过程中体型不断变大，一度成为地球上的王者，打遍天下无敌手。然而有一段时间，地球突然变得寒冷，恐龙的食物大量减少。没有进化出御寒皮毛的恐龙又冷又饿，于是渐渐灭绝。现在地球上能够生存下来的生物，都是能适应白垩纪的自然环境大改变而进化来的。

在自然界中，动植物进化的过程往往是缓慢的。在商业社会，个人与企业没有慢慢进化的机会，进化得太慢就可能走向衰败。

曾国藩是勇于进化、善于进化的好榜样。咸丰二年（1852年）十一月，在太平军起义席卷之时，咸丰帝命令礼部左侍郎曾国藩"帮同办理本省团练乡民搜查土匪诸事务"。这其实是个苦差事。首先，长期担任文官的曾国藩没有任何军事经验；其次，一开始没有财政拨款，要自筹粮饷；最后，曾国藩没有地方行政实权，调不动地方官员。正是在这样困难的条件下，咸丰皇帝任命的其他团练大臣都没有形成气候，甚至像恐龙一样消失在人们的视野中，而曾国藩开始了他的进化。

《湘军志》记载，曾国藩在长沙办团练时，遭到当地官场的排斥和侮辱。比如，清廷正规军绿营兵的协副将清德就

"自以为将官不统于文吏"，非常看不起曾国藩这个文人和非正规部队湘勇。绿营兵与湘勇在一起集训，经常发生摩擦。有一次，曾国藩抓了几个械斗的绿营兵。其他绿营兵在上级领导的煽动下，开始游行示威。满城官员对此视而不见，于是绿营兵围攻曾国藩办公室。

> 营兵既日夜游聚城中，文武官闭门不肯谁何，乃猖狂公围国藩公馆门。

曾国藩当时还想着绿营兵胆子再大也不敢进门闹事，于是继续工作。没想到绿营兵居然破门而入，打伤了他的随从。曾国藩赶紧去找湖南长官骆秉章。骆秉章的态度明显偏向于绿营兵，睁一只眼闭一只眼。

遭受挫折的曾国藩，像很多善于进化的小动物们一样，没有硬着头皮跟环境作对，而是选择了退出不适合生存的小环境，寻找适合生存、水草丰美的好环境。"打脱牙和血吞"的他，离开了长沙，全军搬往衡州，继续招兵买马。湘军就在这样艰难的环境下建立了。

起初，杜鹃鸟是自己孵小鸟的，但是它们不会筑巢，没有固定的鸟窝。在这种情况下，育儿成了个大问题。在进化过程中，杜鹃调整了策略。杜鹃在产卵后就把自己的娃扔进人家窝里，让别的鸟帮自己孵小鸟，由此形成了一种独特的繁殖方式。

就像杜鹃鸟不善于筑巢一样，曾国藩不善于打仗。咸丰十一年（1861年）三月十三日，曾国藩在家书中写道，行军打仗本来就不是我的专长，兵贵为奇而我太平易，兵贵为狡诈而我太直率，这样的我怎能对付得了这些罪恶极大的敌人呢？

> 至行军本非余所长，兵贵奇而余太平，兵贵诈而余太直，岂能办此滔天之贼？

曾国藩亲自上场的靖港与湖口等战斗，都以失败告终。为此，曾国藩还试图投河自尽。后来，曾国藩扬长避短，离开前线，坐镇后方，依赖得力干将冲锋陷阵。同治三年（1864年）十月二十二日，曾国藩在奏折中写道，我自咸丰四年（1854年）亲自上战场以来，都是屡战屡败，此后十年都没有上过战场了。

> 臣自咸丰四年躬亲矢石，屡次败挫，厥后十载，久未亲临前敌。

曾国藩不亲自上前线，但他提拔了很多优秀人才上前线，就像杜鹃鸟依赖别的鸟来孵化后代一样。

自然界的进化是无意识的，没有造物主在安排，没有目的和方向，最后的结果是优胜劣汰，弱肉强食。人类可以选择主动进化，不断地学习新知识，选择进化的节奏和方向。

生活中总是能见到一些牢骚满腹的失败者，抱怨他人，抱怨政府，抱怨环境。这些人也许曾经成功过，但属于不善进化者。当环境变化时，以往的好策略有时反而会成了绊脚石，所以策略需要根据实际情况不断调整。

在 A 股的发展史上，也有曾经依靠技术分析而成功的投资者，在面对新环境时抱残守缺，最终走向失败。比如在 2015 年股灾时期，根据经验来说，连续大跌往往是抄底的机会。很多老手投资者就大胆抄底甚至融资抄底，结果出乎意料地爆仓了。过去的经验成功失灵了，让他们屡屡怀疑人生。

不仅技术分析者如此，价值投资者也需要不断进化。查理·芒格和巴菲特从机械地买便宜货的价值投资者进化到买优秀企业的价值投资者。现在，他们的理念在全世界拥有广大的拥护者。随着时代的发展，是否这种理念就没有进化的余地了呢？显然不是。

达尔文说："当这一行星按照固定的引力法则持续运行时，无数最美丽与最奇异的类型，即是从如此简单的开端演化而来，并依然在演化之中。"

三、人只是运气的口袋

2020 年 2 月，在每日期刊公司年会上，一个 18 岁的学生问 96 岁的查理·芒格道，为何如此高龄还对事业怀有浓厚的兴趣？查理·芒格淡淡地说："也许是我运气好吧。我喜欢自己做的事。我有好同事、好朋友、好家庭。我所遇到的问题都深深吸引着我。我一直是个幸运的人，我不知道怎么让别人也像我这么幸运。"

Well, maybe I've been lucky. I like what I do. I have wonderful partners and friends. I have a nice family. My problems are interesting to me. I have been a very fortunate man. And I don't know how to make everybody else lucky.

1. 猴子也能成股神

假设有 3000 万只猴子，各自随机买入一只股票，持有一年不动。因为沪深两市一共有 3000 只股票，所以每只股票大约分配到 1 万只猴子。一年后，涨幅最高的 30 只股票对应着 30 万只幸运的猴子。

假设这 30 万只猴子再次随机买入 3000 只股票，持有一年不动。一年后，涨幅最高的 30 只股票对应着 3000 只幸运的猴子。这 3000 只猴子连续两年都买到了涨幅最高的股票，很厉害。

假设这 3000 只猴子继续随机分配到 3000 只股票上去，持有一年不动。到年底，涨幅最高的 30 只股票所对应的 30 只幸运猴子，创造了奇迹：连续三年买到涨幅最高的股票。试问有多少人能做到这个境界？这样的猴子很可能已经被人类当成股神了！

其实，这 30 个股神只是连续做出了几步正确决定的猴子而已。

HOW
TO
INVEST

Learn from
Charles
Thomas
Munger

167

2. 世界那么大，总有几个幸运者

2009 年，华泰证券和东方财富网共同举办模拟股市大赛。我抱着试试看的心态，全仓买了迪士尼概念股，然后就继续上班搬砖。没想到个把月后，我得了冠军。比赛组织方还奖励我一次美国旅游的机会。

有朋友称赞我水准高，其实我只是运气好而已。

2012 年，新浪财经举办股市邀请赛。在热心媒体朋友刘先生的强烈邀请下，我参加了比赛。比赛时间过了大半，就剩最后一周了。我的名次居中，自认为得不了奖，索性就全仓买入一只生态环保股。没想到中央在十八大会议上提出"美丽中国"的概念，生态股连续涨停。我又得了冠军！

祝贺消息纷至沓来。有朋友说，一次得冠是运气，两次得冠，肯定是实力了！其实，分析还是有那么一点点，至少比猴子掷飞镖要好一些，但平心而论，这两次夺冠很大程度上还是运气好。

3. 人只是运气的口袋而已

运气如空气一般，无处不在。

平定太平天国后，曾国藩和幕僚赵烈文聊天，认为天下大事的发展中，往往运气的因素占六成，剩下四成才是人为因素；至于富贵成功，运气要起更多的作用。

> 然天下大事，运气主其六，人事主其四，至富
> 贵利达，则运气做主尤多。

此言非虚。如果 1854 年曾国藩在靖港跳水自杀成功，还会有后面的故事吗？被人救起后，1855 年曾国藩又在九江湖口遭遇大败，再次自杀未遂。如果不是胡林翼屡次向皇帝推荐，曾国藩也做不了两江总督。曾国藩做了两江总督后，如果清朝的绿营兵在江南大营多坚持几年，攻克太平天国的首都南京也没曾国藩什么事。胡林翼、李续宾、罗泽南都是湘军中非常厉害的人物，但都英年早逝，没有享受到胜利果实。

曾国藩总结一生的起伏，感慨万千，甚至觉得人只不过是装运气的口袋而已。

4. 拆迁户的运气

2002 年的第一场雪，Andy 刚满 17 岁，中专学历。他父母都是"50 后"，在弄堂里卖粽子、咸蛋，中午有时候做点爆米花。Andy 原本住在上海黄浦区的城中村里。楼道里灯光昏暗，房子里的楼梯踩上去嘎吱作响。几户人家挨得很近，常常共用厨房、马桶、洗手池。

2006 年，因为拆迁，Andy 家得到一大笔钱，在市区买了一套老房子住下，手中还有不少余钱。过了几年，父母买的市区老房子又被拆迁了。因为反复投资老房子，反复被

拆迁，Andy 家的命运被彻底改变。

2018 年，父母早已不卖茶叶蛋了，Andy 自己则玩玩音乐。他说，家里一共有三套房，两套市区的，一套闵行的，其中有一套好像又要拆了。

然而，Andy 有一个邻居，把拆迁得到的巨款投进了股市。结果越炒越亏，现在连房子都买不起了，与 Andy 形成了强烈的对比。

5. 对待运气的态度

知道了运气的重要性，对我们有什么意义呢？是否意味着放弃努力呢？非也！仍然要勤奋努力，但是努力的同时也尊重运气。

不尊重运气的人，成功了会认为自己聪明厉害，为失败埋下祸根。不尊重运气的人，失败了会过分自责，甚至一蹶不振。

尊重运气的人，在努力的同时，懂得等待一点运气。成功了，不骄傲自满，可能仅仅是运气好而已。失败了，也不怨天尤人，可能仅仅是运气不好而已，总结经验，下次继续努力呗。

放下得失心的负担，做事才能不再患得患失，更加洒脱。尽人事，知天命，至于结果，随他去吧！

他人或赞美，或批评，也随他去吧！唯有如此，才能做到曾国藩所说的那种境界："灵明无著，物来顺应，未来不迎，当时不杂，既过不恋。"

四、如如不动之心

对自己诚，有三种境界。初级的诚，是不欺骗自己，承认自己的过错。中级的诚，是知错能改，付诸行动。高级的诚，则是发现内心的明珠，发掘内心平和的力量。

关于如何获得幸福与成功，查理·芒格给出了很多建议，其中一个建议是避免性感诱人的异性。如何才能练就如如不动之心，做到美色当前无动于衷呢？

1. 不动心的两种必备素质

首先，这种人要有崇高的理想与广泛高雅的志趣，美色于他皆是浮云。比如，江西南昌有位志趣十分高雅的王先生，因为跟哥们聊天，探讨人生，谈得兴起，把结婚的日子给忘了，一夜未归。洞房花烛夜，让新娘独守空房。顺便提及，那位跟他聊天的朋友是个道士，叫许逊。

其次，他要认死理、一根筋，说好听一点就是有线性思维而不是发散性思维。他认为谁最美，谁就最美，雷打不动的。比如那位王先生，喜欢看书，看到"格物致知"这个章节，他就坐在竹子面前"格"了三天三夜，一无所获，结果病了。他虽然是文科生，却有理工男的执拗。

大凡能做到以上两点的人，基本上可以做到美色横于前而面不改色，至少心中的小鹿不会到处乱撞。

事实上，王先生虽然忘记了大喜之日，结婚之后对妻子却非常专一。妻子诸氏一直不能生育，这在古代是很严重的事，可王先生一直和她恩爱相伴，没有娶二房。直到诸氏过世后，五十多岁的王先生才娶了继室张氏。57 岁那年，王先生与世长辞。

这位王先生的全名叫王守仁，现在一般被称为王阳明。王先生之所以如此专情，还有一个绝密武器，叫不动心理论，十分值得广大男士学习。

2. 不为美色所动的理论基础

所谓不动心，就是面对赞誉不高兴，面对诋毁不生气，不以物喜，不以己悲，以一种平和、超脱、沉着冷静的态度看待一切外来刺激。外来刺激当然也包括美女帅哥这种视觉冲击因素在内。

在利益和损害面前，经历重大变故，遭受屈辱，有几人能不愤怒、不慌张？而王阳明认为，可以通过修炼内心的力量，达到不愤怒、不慌张的境界。

当利害、经变故、遭屈辱，平时愤怒者到此能不愤怒、忧惶失措者到此能不忧惶失措。

其实不动心是个老话题了，几千年前的孟子就强调过。孟子说上天将降大任于一个人的时候，必定先给他一点颜色看看。"苦其心志，劳其筋骨，饿其体肤，空乏其身，行拂乱其所为"，目的是让他"动心忍性，曾益其所不能"，最终修炼出"不动心"的境界。

如果此心不动，不被外物所迷惑，就如一面明镜，但凡物来，必能照到，从而做出正确的反馈。这就是"此心不动"的含义，也是王阳明所谓"致良知"的最高境界。

老孟说："我四十不动心。"老王虚岁 37 岁时，自认为除了生死外，基本能对荣辱得失做到不动心。

自计得失荣辱皆能超脱，惟生死一念尚觉未化。

王阳明以一种超脱的态度对待一切，以至于有些人怀疑他偷窃了佛教理论。关于这一点，老王是坚决否认的，咱可是正儿八经的儒家传承！

3. 如如不动则投资成

要论在战场上指挥若定的中国古代读书人，你可能首先想到诸葛亮。然而，《三国演义》里面的细节是文学创作，而王阳明平定叛乱的细节很多都是正史记载。

史载，仅仅用了四十几天，王阳明就平定了宁王朱宸濠的叛乱。奇谋妙计，层出不穷，而且还是以少胜多。在以后的赣南剿匪行动中，王将军也是百战百胜，以至于"王阳明"三个字就是武器。有些土匪扛了一阵子后，听说敌方是王阳明领队，干脆就直接投降认输了。

当弟子问及王阳明的军事秘诀时，他回答了八个字："此心不动、随机而动。"意思就是，没事的时候，我的心平静如水，不躁动；一旦机会来临，敌人的破绽露出，我的理性就开始工作了。

不得不承认，在心理素质和具体战役指挥上，王阳明远远超过了曾国藩。

曾国藩消耗了十几年，胜仗败仗间或着出现，才平定了太平天国，心惊胆战，仗打得很累。用他自己的话说："心已用烂，胆已惊碎。"围攻南京的时候，曾国荃在前线战斗，曾国藩在后方失眠。如果曾国荃没空给哥哥写信，收不到消息的曾国藩就会焦虑万分。所以心理素质不过硬的曾国藩，打仗从来没有奇谋妙计，只有结硬寨、打呆仗而已。

如果投资股票，曾国藩可能做不好短线交易，只能做长线投资。而王阳明心理素质过硬，有可能是短线高手。怪不得很多短线游资都来自浙江，莫非这些游资还经常看本地大儒王老师的《传习录》？

王阳明的方法属于大招，但学会还需要费一番功夫。曾国藩的招数，虽然杀伤力不大，但模仿起来比较容易。

4. 结语：如何修炼如如不动之心

有一次，查理·芒格过安检时，检测器一直响个不停。查理·芒格折腾了很久，好不容易通过了安检，飞机却已经起飞了。淡定的查理·芒格拿出随身携带的图书开始阅读，静等下一班飞机。只要手里有一本书，查理·芒格就不会觉得浪费时间。

查理·芒格说："我这辈子遇到的聪明人（来自各行各业的聪明人）没有不每天阅读的——没有，一个都没有。"

In my whole life, I have known no wise people (over a broad subject matter area) who didn't read all the time-none, zero.

这如如不动之心当然也不是单靠读书修炼而来，需要在具体的事情上磨炼，理论与实践相结合，才能安静的时候有定力，动态的时候也有定力。

人须在事上磨，方立得住；方能静亦定，动亦定。

比如，在挤公交的时候被人踩了一脚或者无缘无故被人骂了一顿时，磨炼的机会就来了。不气不恼才显修养。至于如何回敬，是另外的问题。又比如，升职加薪或者彩票中奖了，被朋友同事羡慕嫉妒恨，磨炼的机会又来了。不沾沾自喜才彰显风采。至于获奖感言怎么说，是另外的问题。

五、航空股：巴菲特和查理·芒格的一个共同失误

2020 年 4 月 3 日，美国证监会披露，伯克希尔·哈撒韦公司以 22.96—26.04 美元 / 股的价格出售了达美航空 1299 万股的股票。而就在 2020 年 2 月 27 日，该公司曾以 45.48—47.14 美元 / 股的价格买入 97.65 万股达美航空股票。股神亏损了约一半。

人非圣贤，孰能无过？但经常犯同样的错误，就有点过分了！早在 1989 年，巴菲特就曾耗资 3.6 亿美元买入全美航空（US Airways）。1995 年时，这笔投资的净值降至 8950 万美元，亏损 75%。受此教训，1999 年，巴菲特甚至还开玩笑说："如果莱特兄弟的小鹰号第一次起飞时我在现场，我很可能会极具远见、充满公益心地设法将它打下来。我的意思是莱特兄弟对投资者的伤害是非常严重的。"

好了伤疤忘了疼。2016 年第三季度，伯克希尔·哈撒韦公司又开始买进航空股，随后不断增持，成为美国四大航空公司的最大股东之一。股神巴菲特对航空股的看法发生了很大改变吗？

2017 年 5 月 6 日，在伯克希尔股东大会上，巴菲特表示："从奥威尔制造第一架飞机那天起，就再找不出比航空业更艰难的行业了。要是真是为了投资者好，与奥威尔一起发明飞机的威尔伯应该把第一架飞机打下来，免得后人不断亏钱……投资航空公司与投资喜诗糖果没法比。"

从巴菲特的言语来看，他仍旧不认为航空股是一个很好的投资标的。那为何巴菲特还是吃了回头草呢？他解释道：

"我看好我们对航空公司的投资。我们同时买了四大航空公司，这说明我们看不出来哪家公司能表现突出。只是我认为，从概率上来看，五到十年后的客运里程数应该比现在高。"

从这一段话可以看出，巴菲特这次投资航空股是押注整个行业，觉得这个行业在 5—10 年以后会更好。这已经背离了他之前比较注重对公司进行深度分析的一贯风格。

2017 年 2 月，在每日期刊公司年会上，查理·芒格坦言："想想这些年来我们对高科技的叫嚣，'我们只是不理解它''它不在我们的核心竞争力中''世界上最糟糕的业务是航空公司'。我们做了什么？我们买入了苹果和一大批航空公司的股票。我不认为我们疯了。我认为答案是，我们正在适应一个已经变得更加困难的投资环境。"

> Think of the hooting we've done over the years about high tech, "we just don't understand it", "it's not in our central competency", "the worst business in the world is airlines". And what do we appear in the press with? Apple and a bunch of airlines. I don't think we've went crazy. I think the answer is, we're adapting reasonably to a business that's gotten very much more difficult.

可以看出，查理·芒格对航空业的看法也不乐观。对于他们来说，航空股不是真爱，而是个备胎，投资航空股只是一个凑合的选择而已。投资环境变得更艰难了，找不到更好的标的，他们退而求其次，买了航空公司。

然而问题是，如果不是很符合自己的投资标准，为什么要买呢？为什么就不能留着现金呢？2020 年 4 月初，巴菲特与查理·芒格低位卖出航空股，也证明了投资航空公司的确是他们的一个投资失误。

只有结好硬寨，才能有效地抵挡敌人的进攻。如果曾国藩所结的不是硬寨，而是豆腐渣工程，那很容易被太平军的进攻所冲垮。建筑施工不能凑合，投资也不能凑合！巴菲特和查理·芒格创造了辉煌的投资业绩，可谓英雄一世，却在航空股上遭遇滑铁卢，令人扼腕叹息。

第五章
诚的艺术：如何理解企业的商业模式和管理层

一、企业的本质是什么

对于查理·芒格来说，积累财富不是第一重要的，他想做到的是诚实的经营方式。查理·芒格说："如果你在生活中唯一的成功就是通过买股票发财，那么这是一种失败的生活。生活不仅仅是精明地积累财富。"

If all your succeed in doing in life is getting rich by buying little pieces of paper, it's a failed life. Life is more than being shrewd in wealth accumulation.

如果企业家把积累财富作为唯一目标，那一定不会诞生伟大的企业！企业的本质是什么呢？经济学家和管理学家都有自己的答案。

HOW
TO
INVEST

Learn from
Charles
Thomas
Munger

179

1. 经济学理论对企业的理解

在经济学理论里，企业只是一个利润最大化的组织，成本和收益是企业要关心的全部问题。

制度经济学家科斯认为，公司就是为了节约交易成本而成立的组织。

经济学理论仅仅是学者为了研究宏观经济而产生的一种简化，它的产生自亚当·斯密探讨国民财富增长而开始。所以，经济学理论的初衷不是教人如何经营企业，而是教人如何管理国民经济。

至于微观经济学所研究的问题，比如定价、产量，仅仅是企业经营的一小部分。

一个理论的初衷，就像人的基因一样，影响非常大。

2. 我的理解

作为经济学科班出身，又经营着自己的企业，我想分享有关企业的一些拙见。

以我的观点来看，企业就是帮社会的一部分人创造价值。为了长期地实现这个目的，企业必须盈利，必须管理好。

盈利和管理是为创造价值服务的。利润最大化，不是企业家的出发点。我觉得，企业能帮助社会解决问题是第一重要的，至于利润，保持一定的水平就够了。

如果一个社会的企业家被教育成把利润最大化作为首

要目标，那么将是非常可怕的社会。

比如，我的基金公司旨在帮客户创造一种长期稳定高效的理财渠道。如果我过分追求一个阶段的利润最大化，就会对短期的投机性小机会过于在意，甚至容易游走在灰色地带，反而不利于基金使命的实现。

就像一个政府官员，其追求的短期政绩和长期效益可能是矛盾的。

比如一个餐厅，如果过于追求利润，可能会以次充好，在吃不死人的情况下使用地沟油。餐厅首先是要追求产品品质，让客户安心、放心、开心，只要不亏损，赚多赚少是放在第二位的。

3. 历史的启发

曾国藩创办湘军，不是喜欢战争，而是为了维护孔孟之道，维护国家统一。所以太平天国被平定后，他迅速裁撤了湘军。那些将军们可能想着继续打仗，但曾国藩考虑的是全局。

至于太平天国运动，一开始打着为老百姓谋平等的口号，所以受到广泛支持。但到了后期，天朝田亩制度没有落实，初衷被放在一边，太平天国的领导人一味地追求个人享受，造成内讧，最终走向灭亡。太平天国覆灭的主要原因是领导层不够诚，一味追求个人利益最大化。

在湘军内部，最有战斗力的是罗泽南部。因为罗泽南对士兵的思想教育特别重视，白天打仗，晚上讲政治课。罗泽南去世后，部队交给李续宾带领，也是百战百胜。

在太平军内部，最有战斗力的是李开芳部。这支部队以广西起义的老兄弟为主，对太平天国的理想特别当真，从南京开始北伐，差点端了清廷老窝。

在战场上，如果每个将军和士兵都把利益最大化放在首位，则都会成为机会主义的骑墙派。每次打仗时士兵们先算算取胜的概率，再决定是否往前冲，是不可能打硬仗的。

如果首先是为了追求利益走在一起，那么在阿里巴巴初创的困难时刻，马云为什么固执地不做游戏呢？华为为什么一直不做互联网和房地产呢？因为在马云和任正非眼里，有比赚钱更重要的事：为社会创造价值！

4. 结语

查理·芒格说："有些事情就算你能做，而且做了不会受到法律的制裁，或者不会造成损失，你也不应该去做。"

We think there should be a huge area between what you're willing to do and what you can do without significant risk of suffering criminal penalty or causing Losses.

彼得·德鲁克说，管理的本质就是激发和释放每一个人的善意。愿意帮社会改善生存环境、工作环境，是一种善意。

企业的本质就是为社会创造价值！利润最大化只是一个辅助目标。企业家要做的是激发和释放员工的善良和潜能，实现个人价值，创造社会价值，为社会谋福祉。

二、必胜的信念很重要吗

查理·芒格不追求必胜，只追求不败；不追求聪明，只追求不笨。他说："我们从来不去试图成为非常聪明的人，而是持续地试图别变成蠢货。久而久之，我们这种人便能获得非常大的优势。"

It is remarkable how much long-term advantage people like us have gotten by trying to be consistently not stupid, instead of trying to be very intelligent.

理解了企业的本质之后，投资时就是尽量寻找善良的企业，尽量投资那些追求事业的企业，而不是投资那些只是精明地赚钱的企业。后者在暂时困难面前很可能放弃，而前者可能为了事业或责任感而不计成败。一味精明赚钱的墙头草不会有大的成就，不计成败的才可能成就大业。

必胜的信念与坚强的毅力在个人成功的过程中，究竟起到了多大作用？曾国藩虽然取得了战争的胜利，但是其必胜的信念并不坚定。他甚至经常怀疑战争能否取胜。

如果有必胜的信念，曾国藩为什么在靖港失败后跳水自杀？史载，咸丰四年（1854年）四月初二，曾国藩率领刚刚练成的水军出发，偷袭驻扎在靖港的太平军。不料，东南风大作，船速太快，舰队还没准备好战斗，就直接冲进了太平军的射程。根据他的家书记载，战斗"仅半顿饭久"，就全线溃败，"弃船炮而不顾，深可痛恨"。根据《湘军志》记载，曾国藩"愤而投水两次"，被左右救起。当时曾国藩的湘军，粮饷也没有财政支持，"饷项已空，无从设法，艰难之状，不知所终"。所以曾大人这位在籍侍郎，对练成湘军战胜太平天国并无信心，只是尽心尽力做而已，"尽一分心作一日事，至于成败，则不能复计较矣"。

如果有必胜的信念，曾国藩为什么在湖口大败后又想自杀呢？咸丰四年（1854年）腊月十二，湘军水军追击石达开率领的太平军。一部分船只追入了鄱阳湖之后，剩下的被太平军阻挡在长江上。于是，湘军水师被分割开来，小船都进了鄱阳湖，大船在长江里。太平军的小船在夜晚袭击了湘军的大船，进攻曾国藩的指挥船。曾国藩找到一艘小船驶入湘军罗泽南大营才幸免于难。曾国藩写了千字遗书，准备自杀，被罗泽南劝阻了。据《曾国藩事略》，"公欲以身殉国，草遗疏千余言，罗泽南力谏乃止"。事后，在家书中，曾国藩对能否与太平军相持感到担心，"不知果能力与此贼相持否""终日惶惶，如坐针毡"。

当了两江总督之后，曾大人的信心更加低落。咸丰十年（1860年）七月，他对兄弟说，默默地观察当今人心向背、各地官吏，从道理上讲，天下好像难以平定。

　　默观近日之吏治、人心及各省之督抚将帅，天下似无戡定之理。

　　对于安庆之战，评论家普遍认为是曾国藩雄才大略、具有战略定力的结果，但是可曾想到，曾国藩也有动摇的时候？湘军花了很长时间逐步把安庆围得弹尽粮绝，可是不曾想到洋人介入，出售粮草给城内的太平军，而洋人是湘军得罪不起的。曾国藩在家书中感叹道，本来安庆是有克复希望的，不料洋人暗通粮草，城内守军又有了生机，真不知道大局何时改观。

　　安庆一城，费尽气力，本有克复之望。近因洋船暗通接济，城贼又有生机。天意茫茫，未识大局何日转旋。

　　另一方面，湘军本身的粮草也不够，于是曾国藩写信叫曾国荃做好改变计划的打算。他还引用了曹操袁绍官渡之战的案例，说他也知道安庆像官渡一样，是兵家必争之地，可是粮草接济不上，也是无可奈何，不得不考虑改变计划。"无奈饷项全无所出，不得不思变计。"关于变计的时间，让曾国荃自己看着办。

　　咸丰十年（1860年）农历十二月，当曾国藩接到英国的通商条款时，甚至对曾国潢非常直白地感慨："大局已坏，令人灰心。"

　　那么，问题来了，既然曾国藩经常没有必胜的信心，是什么力量支撑他坚持战斗呢？答案是道德和责任！在很多封书信里，曾国藩告诉弟弟，之所以坚持战斗，勤奋爱民，就是为了忠君报国、报答亲人。

> 吾惟以一勤字报吾君，以爱民二字报吾亲。才识平常，断难立功，但守一勤字，终日劳苦。以少分宵旰之忧。

咸丰十一年（1861 年），祁门大营的粮道被切断的时候，曾国藩又一次想到了死亡。他给曾国潢的家书中，说自己对死亡很坦然，只是舍不下四五万的兵勇，不忍心看到他们因粮断而败亡。

> 生死之际，坦然怡然。惟部下兵勇四五万人，若因饷断而败，亦殊不忍坐视而不为之所。

这些都是曾国藩的真心话。尽人事听天命，一直是曾国藩的思想，也和儒家的知其不可而为之的精神一脉相承。在围攻安庆的时候，曾国荃经常写信说要擒拿"四眼狗"陈玉成之类鼓舞人心的话，也被曾国藩认为是代苍天做主张。曾国藩认为，我们只要尽力而为做事，而成败是天注定的，不应该放在心上。

> 吾辈但当尽人力之所能为，而天事则听之彼苍，而无所容心。弟于人力颇能尽职，而每称擒杀狗首云云，则好代天作主张矣。

当一个人抛弃了成败得失，不是为了功名利禄而努力，甚至不是为了结果而努力，而是真心地为了道德和责任而勤奋刻苦的时候，他会爆发出强大的惊人力量！一种异常勤奋努力、宽容大度的力量！

我一开始研究曾国藩，也是把他当作成功学案例来研究，研究他的做事方法和用人技巧。我发现，他的思想的确能帮我在投资市场上减少风险，增进盈利，于是兴趣越来越浓厚。但是随着研究的深入，我发现了更多的道德的力量。如果没有这些道德的力量，就不会有曾国藩的成就。可以说，在曾国藩身上，道德和智慧的力量实现了统一！

是什么构筑了成功的堡垒呢？除了必胜的信念外，有很多更加重要的东西，比如道德责任感、兴趣、充分准备，等等。

查理·芒格认为，比求胜的意愿更重要的是做好准备的意愿。他说："只要做好准备，在人生中抓住几个机会，迅速地采取适当的行动，去做简单而合乎逻辑的事情，这辈子的财富就会得到极大的增长。上面提到的这种机会很少，它们通常会落在不断地寻找和等待、充满求知欲望而又热衷于对各种不同的可能性做出分析的人头上。这样的机会来临之后，如果获胜的概率极高，那么动用过去的谨慎和耐心得来的资源，重重地押下赌注就可以了。"

Our experience tends to confirm a long-held notion that being prepared, on a few occasions in a lifetime, to act promptly in scale, in doing some simple and logical things,

will often dramatically improve the financial results of that
lifetime. A few major opportunities clearly, recognizable
as such, will usually come to one who continuously
searches and waits, with a curious mind that loves diagnosis
involving multiple variables. And then all that is required
is a willingness to bet heavily when the odds are extremely
favorable, using resources available as a result of prudence
and patience in the past.

一些投资者花了太多的心思在股票价格波动上，却忽略
了投资前的调研、分析、整理、判断等准备工作。正确的策
略犹如一位捕猎高手，做好充分准备，摆好姿势，选好方向，
蓄势待发。一旦锁定目标，则一击必中。

正如曾国藩在战斗前会扎营、挖沟、筑墙一样，投资者
如果想在资本市场获取胜利，做好充分的调研分析工作远远
比其他方面（比如交易技巧或者所谓的盘感）要重要得多。

三、诚是最好的策略

查理·芒格说："如果你从一开始就能够在诸如诚实这
样简单的事情上拥有完美的记录，你将会在这个世界上取得
很大的成功。"

If you start early trying to have a perfect one in some
simple thing like honesty, you're well on your way to success in

this world.

为什么投资大师不讲高深的技巧，却单单强调一个"诚"字呢？

有一次，为了应急，查理·芒格的商业伙伴瑞克·格伦想把两人合资成立的公司的一半股权以 13 万美元卖给查理·芒格。然而，查理·芒格说 23 万美元才对。见过砍价的，没见过这么会"砍价"的。占便宜是小聪明，以诚待人才是大智慧。

还有一次，查理·芒格与瑞克·格伦想收购一家企业，当时有两位老太太持有该企业发行的债券。瑞克·格伦说："我们本来很容易以远低于面值的价格收购这些债券——但是查理却按照面值给她们钱……在股票交易所占价格低廉的股票便宜是一回事，但是占合伙人或者老太太便宜是另外一回事——这是查理绝对不会做的事。"

在 2004 年的西科年会上，查理·芒格说："你应该有一条底线。你心里应该有个指南针。所以有很多事情你不会去做，即使它们完全是合法的。这就是我们试图做到的经营方式。"

We believe you shouldn't go anywhere near that line. You ought to have an internal compass. So there should be all kinds of things you won't do even though they're perfectly legal. That's the way we try to operate.

查理·芒格补充道："我愿意相信，就算这种经营方式并没有给我们带来许多经济上的好处，我们也会这样做好。而且每隔一段时间，我们就会有机会证明这一点，但更多的时候，我们由于固守道德而赚到更多的钱。在我们看来，本杰明·富兰克林是对的。他并没有说诚实是最好的道德品质，他说诚实是最好的策略。"

But I'd like to believe that we'd all behave well even if it didn't work so well financially. And every once in a while, we get an opportunity to behave that way. But more often we're made extra money out of morality. Ben Franklin was right for us. He didn't say honesty was the best morals, he said it was the best policy.

无独有偶，曾国藩也特别强调一个"诚"字。

《庸庵笔记》记载，曾国藩每天早上都会召集幕僚一起吃早饭，这让入职没多久的李鸿章叫苦连天。一日，想赖床的李鸿章谎称自己头疼，不去吃早饭。曾国藩派人去催促说，等人齐了才吃饭。李鸿章心里咯噔一声，慌慌忙忙披衣前往。吃完饭，曾国藩语重心长地对李鸿章说："既入我幕，我有言相告，此处所尚惟一'诚'字而已。"

作为老师和上级，曾国藩不说李鸿章懒，不说他不守纪律，单单强调了"诚"字。可见，诚字在曾国藩心中的重量。

咸丰十年（1860 年）四月，曾国藩在批牍中写道，勤字用来医治惰，慎字用来医治骄。在这两个字的前面，必须得有一个诚字作为根本。精诚所至，金石为开，鬼神也会回避，其关键在于自己要诚。

> 勤字所以医惰，慎字所以医骄。此二字之先，须
> 有一诚字，以之立本立志……精诚所至，金石亦开，
> 鬼神亦避，此在己之诚也。

很多时候，诚或许不是最快达到目的的途径，却是最稳
妥的一条路。用本杰明·富兰克林的话说，诚是一种策略。

四、心诚则灵

有个年轻的股东问查理·芒格要怎样才能追随他的足迹。
查理·芒格答道："虔诚、出色地完成你的任务。慢慢地，
你就会有所进步。这种进步不一定很快，但你这样能够为快
速进步打好基础……每天慢慢向前挪一点。到最后——如果
你足够长寿的话——大多数人得到了他们应得的东西。"

> Discharge your duties faithfully and well. Step by
> step you get ahead, but not necessarily in fast spurts. But
> you build discipline by preparing for fast spurts...Slug
> it out one inch at a time, day by day. At the end of the
> day—if you live long enough—most people get what
> they deserve.

查理·芒格这段话中，值得强调的是虔诚（Faithfully）
这个词语。人们常说："心诚则灵。"心诚者，自然而然会

如信徒般虔诚,抱着敬畏的态度,诚心诚意去做事。心不诚者,如无根之浮萍,勤奋也只是表面现象,内心则充满了烦恼。

咸丰十年(1860年)四月二十五日,为了让李榕改正不真诚的坏毛病,曾国藩在给其的批牍中写道,以诚字为本,以勤字慎字为用,或许可以避免大的罪过与失败。

> 以诚字为之本,以勤字、慎字为之用,庶几免于大戾,免于大败。

心若是不诚,把事情当成一件不得不完成的任务去做,机械性地完成任务,为了勤奋而勤奋,为了谨慎而谨慎,也许能把事做成,但未必能做好。

日本经济学家门仓贵史在《穷忙族》一书中,给"穷忙族"下了定义,即每天繁忙地工作却依然不能过上富裕生活的人。有些投资者勤劳地穿梭于股市之中,不停地买与卖,为了蝇头小利而费尽心思。他们在行情图前挥洒汗水,却没有得到多少回报。

碌碌无为的人是谨慎的,谨慎到从不试错,从来不错,从来无为。没有虔诚的心,没有美好的愿景,没有拼搏的动力与勇气,没有失败,更没有成功。

1939—1956年,吴清源在十番棋擂台击败了同时代所有超一流棋手,被誉为"昭和棋圣"。他在回忆录中表示:"当我面临十番棋时一向如此,那就是只在棋盘上全力以赴,但并不在意结果,让自己完全不去想'我必须赢'或者'输了怎么办'。这种精神是借由信仰培养的,因此可以说，是信仰在支撑着我的棋力……胜败的归属往往大半取决于精神状态。"因为有着对十番棋的信仰，吴清源在十番棋上打遍天下无敌手。

大多数人都想发财，觉得有钱很好，但是并没有把赚钱当成一种信仰。大多数人都有一份工作，但并没有把工作当成人生的信仰或追求，只是把工作当成一种谋生手段而已。这样赚钱，这样工作，注定只能获得平庸的结果。

心理学上的期望效应证实了心诚则灵。期望效应是指希望自己或他人达到某种目标，由此产生某种结果。1968年，罗森塔尔教授和雅各布森教授在一所普通小学随机抽取了部分学生，并告诉老师说，这些学生是学校中最有发展潜力的。八个月后，罗森塔尔和雅各布森发现，那些学生在成绩上有了很大的进步。罗森塔尔和雅各布森认为，他们的"预测"引发了教师对学生热诚的期望。教师的期望促使学生的发展，使学生充满自信的期待，让学生能够诚心诚意地如信徒般去实现目标。也就是说，诚心诚意地对某件事怀有期待，那么期望的结果就会出现。

在股市投资上，每个人都希望可以抓住牛股，可以发财，但并不是每个人都对挖掘牛股这件事抱着宗教般的虔诚态度。很多人把精力都浪费在与挖掘牛股无关的事情上，比如为短期的波动而焦虑，时而关心大盘走势，时而关心宏观经济。他们在无关的事情上浪费了大量的精力，生活得很充实，却已经偏离了初心。

五、动力比能力更重要

查理·芒格会选择自己钦佩的人来管理附属公司，因为他们总是积极进取且及时更正以往的错误。查理·芒格说："激情和天分，哪个更重要呢？伯克希尔充满了对他们自己的事业特别有激情的人。我认为激情比头脑的能力更加重要。"

What matters most: passion or competence that was inborn? Berkshire is full of people who have a peculiar passion for their own business. I would argue passion is more important than brain power.

1. 意外的破产

2019 年 3 月，曾估值高达 50 亿元、由王思聪投资的熊猫直播居然宣布破产了！正如马云所说，绝大多数倒下的企业不是败给宏观经济，而是败给了自己。

据说，熊猫直播的企业文化很佛系。主播并不用心，常常平时没有播够时长，到月底集中弥补。有些主播还购买外挂软件"刷量"，制造虚假人气。有些用户反映，熊猫的主播看起来在养老。熊猫直播的员工很骄傲，认为"王思聪"三个字就是最牛的广告，所以没有在营销推广上花力气。管理层工作轻松，把主要的精力放在了内斗上。据报道，公司遇到危机时，管理层常常找个度假村装模作样地开会。

2018年10月，高管张菊元接受采访时说："校长（王思聪）和我们都认为公司独立融资和上市是最好的选择。"他坚定地认为，王思聪就是他们坚强的后盾！

总之，在熊猫直播，大家不加班、不熬夜，公司没有危机感，非常人性化。

如果说能力是表现出来的外表，那么动力便是内在的灵魂。

2. 历史的暗示

太平天国之所以败给湘军，其中一个重要原因就是军队的流民太多。流离失所的农民在太平军里混吃混喝混日子。看起来打得赢，就冲上去戳几下。看起来打不赢，就溜之大吉，回到天国还能继续当兵。这就是为什么1862年雨花台大战中20万太平军打不赢2万湘军的原因。同治元年（1862年）九月，曾国藩给前线的曾国荃写信说，这20万太平军每天要吃饭，用不了多久就会耗光粮食而撤退。

> 周、王、罗、朱之捷，于贼之粮路柴路必有大损，或可不打，而忠酋自退。

不出曾国藩所料，太平军坚持了四十多天后就饥肠辘辘地撤退了。

太平军喜欢旌旗漫野、呼声震天的气势，招兵的原则就是多多益善。缺点也很明显，粮草经常跟不上。与之相反，曾国藩创立湘军，不求多只求精。士兵待遇高，工作量也大，个个训练有素。谁要是当了逃兵，回来绝对没有再就业的机会。曾国藩甚至要求军队里面不能有喜悦之气，要有一股悲壮之气。

3. 对企业的启发

一些如熊猫直播的公司，以为岁月静好，而现实却是大江奔流。企业不建立鼓励奋斗者的制度，必然难逃太平天国的覆灭命运。华为创始人任正非提出，企业人力资源管理不能以人为本，而是要以奋斗者为本，让奋斗者获得高回报。

2019 年 4 月，查理·芒格在接受采访时肯定了动力的重要性。他表示，伯克希尔靠自己的动力就会变得更大，在将来会有相当一段时间还会变得更大。

如果企业的员工能充满激情地为事业而努力奋斗，哪怕这些员工资质平平，这个企业往往也能获得成功。如果企业的员工对所做的事业没有激情，醉心于钩心斗角，即便员工个个都是高智商人才，这个企业往往也很难做大做强。这就是查理·芒格所说的激情比能力更重要，即动力比能力更重要。

六、人和对现代组织的最大启发

"和"字非常不一般，是一种和谐状态。当人与人之间、企业与客户之间搭配得比较恰当、和谐时，就能产生业务往来，就能产生利润和价值的创造。

查理·芒格追寻的不是表面的和，而是实质的和。他说："我们不说'合力'这个词，因为人们总是宣称兼并之后会产生合力作用。是的，合力确实存在，但有太多关于合力的不实承诺了。伯克希尔充满了合力——我们并不回避合力，只是回避那些对合力的宣称。"

> The reason we avoid the word "synergy" is because people generally claim more synergistic benefits than will come. Yes, it exists, but there are so many false promises. Berkshire is full of synergies—we don't avoid synergies, just claims of synergies.

查理·芒格认为有太多假的人和（so many false promises）。假的人和只是把志不同道不合的人勉强凑在一块，并不能实现一加一大于二的效果。人和何其珍贵！

湘军战胜太平军，不是胜在技术，不是胜在天时地利，而是胜在人和。太平军一度占据了天时地利，但是最终太平军输了，输在人和。以曾国藩、胡林翼、李鸿章为首的湘军领袖，始终精诚团结；而洪秀全、杨秀清、韦昌辉、石达开、陈玉成、李秀成等太平军领袖总是钩心斗角，自相残杀。湘军的成功，正好印证了那句俗话："家和万事兴。"

人和是组织中极其重要的因素。尤其是对那些"没爹没矿没背景"，完全靠市场化运作的企业来说，人和是第一重要的因素。我职业生涯最大的失败就是投资了一个行业前景非常美好却内斗激烈的公司。也只有亲自踩过雷才能感受到老祖宗朴素的真理啊！

1. 沃尔玛为什么能壮大

俗话说"家和万事兴"，"和气生财"。这些老祖宗传下来的经久不衰的东西，都是有理有据的。在当今社会，分工非常细化，一个孤胆英雄是成就不了一个大企业的。没有垄断资源的企业，要想发展壮大，内部关系一定要搞好。

沃尔玛成长于一个充分竞争的传统行业，高科技武器对沃尔玛来说是不存在的，他们只有劳动人民勤劳的双手，因此是一个非常好的企业研究案例。当时市场普遍认为，小小的沃尔玛之所以能长大，关键在于小镇上没有"欺负他的人"。1977 年，甚至有证券分析师预测，只要市场上的竞争对手，例如克莱斯基的凯马特公司，稍微对沃尔玛放几支冷箭，沃尔玛很快就会不攻自破。沃尔玛的创始人沃尔顿在自传中回顾当时的分析师预言："该公司的未来看起来是不确定的，我们认为沃尔玛是那种不成熟的公司之一，随时都可能垮台。"为什么分析师错了呢？沃尔顿认为："她最大的错误就是对罗恩·迈耶离职后我们公司管理队伍的不信任。就像我之前说过的那样，有了大卫·格拉斯和杰克·休梅克进入董事会担任领导职务，我们公司就有了足够的人才，任何零售商都不可能指望得到更多了。"也就是说，分析师看到了产品、价格、规模等外部投资人容易发现的东西，却低估了人的作用。

查理·芒格说："实际上沃尔顿并没有什么创新。他只是照搬其他人做过的所有聪明事——他更为狂热地去做这些事，更有效地管理下属的员工。所以他能够把其他对手都打败……沃尔玛这个有趣的模式让我们看到了当规模和狂热结合起来能够产生多大的威力。"

> Walton invented practically nothing. But he copied everything anybody else ever did that was smart—and he did it with more fanaticism and better employee manipulation. So he just blew right by them all...it's an interesting model of how the scale of things and fanaticism combine to be very powerful.

在一个充分竞争的传统行业里，大公司拥有更多的资源，可以直接用更低的价格把竞争对手扼杀在摇篮里。就算小企业有什么好的策略，大企业都可以迅速模仿，还能改良得更好。你说气不气人？太气人了！可是为什么还有那么多小企业蓬勃生长呢？因为不存在一个理想化的竞争环境。企业都是由人做的，就算大企业的每个人都努力监控竞争对手，人的认识会犯错，更何况，并不是每个人都努力工作，人都会有惰性。但是当一个企业内部形成了人和之后，人和人之间那种强大的磁场，就会让一家企业拥有高涨的士气。员工内部就像磁铁的南北极一样，巴不得每天都黏在一起。他们就会更加积极地获取机会，创造市场，产生强大的惯性，把企业做大做强。

2. 高级合伙人之间的人和尤其重要

高级合伙人之间的人和，直接关系到公司的运行方向。就像湘军各大将领之间彼此凑合过一生的关系，又如太平天国各王之间互相不对付互相猜忌的关系，对组织的发展都起到决定性的作用。要说员工发牢骚，每个公司都不可避免。正如士兵打架是军营里的家常便饭，还谈不上决定性因素。

看看江湖上三大互联网巨头百度、阿里巴巴、腾讯（简称"BAT"）的发展现状，人和的作用就会显得更加清晰。相比阿里巴巴和腾讯，百度这几年着实是被甩得看不见先头部队的车尾灯了。截至 2018 年 12 月 24 日，百度的市值只有 550 亿美元，而阿里巴巴有 3422 亿美元。腾讯与阿里巴巴旗鼓相当，3 万亿港币左右。这三家公司中，百度就像个星级酒店，高管住个两天就要走人。离职对百度来说就是家常便饭，都不能算是个新闻了。比如曾经的百度首席科学家吴恩达，人工智能科学家陆奇，都是没干多久就从百度离职。一位跟随李彦宏多年的百度前高管在接受媒体采访时说："李彦宏是一种西式管理风格，把每个人都当成下属，不江湖，所以有时候让人觉得单纯，有时候让人觉得冷漠。"这句话在一定程度上反映了百度在企业文化建设方面有值得反思的地方。而马云对他的团队可以说是一百万个信任了，他不止一次地说："天下没有人能挖走我的团队！""失去阿里、失去淘宝没关系，只要我的团队还在，我就有信心再造奇迹！"能让蔡崇信放弃高薪投奔初创时期的阿里巴巴，就可以看出，马云的确不是一般人。他能挖出金山银山，但他更厉害的是在没有金山银山的时候，能让人心甘情愿替他跨过火海，越过刀山。马云的这番话着实值得深思啊。

华为也是一个在人力资源管理方面做得非常好的大企业。任正非重视公司的其他人，从来不居功自傲，生活也非常简朴。在任正非的自述中，他把2002年的公司发展功劳归为"孙董事长团结员工，增强信心，功不可没"。为了让公司不过分依赖他，他还实行了轮值CEO制度。任正非甚至说："我知识的底蕴不够，也并不够聪明，但我容得了优秀的员工与我一起工作，与他们在一起，我也被熏陶得优秀了。他们出类拔萃，夹着我前进，我又没有什么退路，不得不被绑着，架着往前走，不小心就被他们给抬到了峨眉山顶。"大家不妨比较一下，这是不是和曾国藩的语言风格一个路子？看来天底下的狗熊千奇百怪，英雄倒都是各自相似。

高管的团结，对大公司非常重要，对创业型公司也同样重要。我的一位同事认识的一个互联网的创业公司，本来已经获得了3000万元的基金投资款，可以撸起袖子大干一场，不料合伙人们开始闹分家了，直接把款退给投资人，错过了业务发展的最好时机。这个公司最后以破产告终。创始人对我的同事说："创业不易，会遇到各种坑，但是合伙人是最重要的。这次很不幸遇到了最大的坑。"

　　我职业生涯最大的失败是投了一家看起来行业前景很美好却内斗激烈的公司。我曾经以为哪个公司没有一点矛盾，小打小闹的很正常，却没想到矛盾不断升级，最后这家公司曝出黑天鹅。我还清晰地记得，那家公司的二股东（也是高管）第一次见到我，就如数家珍地给我爆料大股东的八卦，说他"只爱豪车和女人"。我当时对他说，如果要把馅饼做大，就不要在别人面前说大股东的不好。他当时并未表态，而我也没在意。忽视了人和这个重要因素在中小企业的发展过程中的作用，所以遭到了滑铁卢。

　　孟子说："天时不如地利，地利不如人和。"老祖宗的话就是精辟！在现代社会，愿每个投资人、管理者心里都怀着这样一个理念——家和万事兴，人和组织强。

七、查理·芒格与巴菲特的用人标准

　　在谈到伯克希尔·哈撒韦公司时，查理·芒格说："基本上，我们会选择那些我们非常钦佩的人来管理我们的附属公司。一般来说，我们跟他们很容易相处，因为我们喜爱并敬佩他们。"

　　By and large, we've chosen people we admire enormously to have the power beneath us. It's easy for us to get along with them on average because we love and admire them.

查理·芒格的合伙人巴菲特完全依靠股市成为世界首富，是当今投资界神话般的存在。1998 年，巴菲特在演讲中提到了如何挑选成功的人。以下是巴菲特的演讲原文，不妨认真读一下。

奥马哈有个叫彼得基威特的人，他说他招人的时候看三点：品行、头脑和勤奋。他说一个人要是头脑聪明、勤奋努力，但品行不好，肯定是个祸害。品行不端的人，最好又懒又蠢。我知道各位都头脑聪明、勤奋努力，所以我今天只讲品行。为了更好地思考这个问题，我们不妨一起做个游戏。各位都是 MBA 二年级的学生，应该很了解自己周围的同学了。假设现在你可以选一个同学，买入他今后一生之内 10% 的收入。你不能选富二代，只能选靠自己奋斗的人。请各位仔细想一下，你会选班里的哪位同学，买入他今后一生之内 10% 的收入。

你会给所有同学做个智商测试，选智商最高的吗？未必。你会选考试成绩最高的吗？未必。你会选最有拼劲的吗？不一定。因为大家都很聪明，也都很努力，我觉得你会主要考虑定性方面的因素。好好想想，你会把赌注押在谁的身上？也许你会选你最有认同感的那个人，那个拥有领导能力，能把别人给组织起来的人。这样的人应该是慷慨大方的、诚实正直的，他们自己做了贡献，却说是别人的功劳。我觉得让你做出决定的应该是这样的品质。找到了你最钦佩的这位同学之后，想一想他身上有哪些优秀品质，拿一张纸，把这些品质写在纸的左边。

下面我要加大难度了。为了拥有这位同学今后一生10%的收入，你还要同时做空另一位同学今后一生10%的收入，这个更好玩。想想你会做空谁? 你不会选智商最低的。你会想到那些招人烦的人，他们可能学习成绩优秀，但你就是不想和他们打交道，不但你烦他们，别人也烦他们。

请注意，查理·芒格与巴菲特的选人标准和中国官场的选人标准非常相近——挑选最受欢迎和钦佩的人。是不是有些意外? 仔细想来，其实做什么事都一样，成大业者必须团结人，单干是不行的。在官场，受人钦佩的人往往能被提拔。在商界，客户的认同、投资人的认同和员工的努力，也是至关重要的。从来没有人单靠自己的力量在政商两界成功的。个人英雄主义的成功，只出现在科学界或者小说里。

真正的强者往往是表面上看起来很谦虚、和善、低调的人。因为这样的人，可以团结调动各方面的力量，为我所用。

八、互相迁就，互相成就

查理·芒格与巴菲特两人是黄金搭档，互为贵人，互相成就。2011年，巴菲特在访谈中提到，自己与查理·芒格也有不少的不同意见，但是两人从未争吵过。

对这两位理性非常强大的智者来说，没有什么问题不能通过理性的探讨来解决。争吵，往往是情绪化、冲动的体现。对理性不够强大的普通人来说，争吵往往难以避免，学会相互迁就，才能相互成就。

同治二年（1863 年），曾国荃觉得原来的水军将领彭玉麟、杨载福用着不顺手，想招募新的水军。的确，彭玉麟看不惯曾国荃的贪污，甚至要弹劾曾国荃，两个人矛盾很深。于是，曾国藩写信给曾国荃道，世事哪能尽如人意？自古以来能成大事的人，一半是机缘巧合，一半是勉强迁就。

> 天下事焉能尽如人意？古来成大事者，半是天缘凑泊，半是勉强迁就。

刘备创业十分不易，关羽与张飞两人却始终不离不弃。史书中没有三人桃园结义之说，但《三国志》有"寝则同床，恩若兄弟"的描述，意思大概就是三人关系好到同睡一张床，同穿一条裤子了。当然，三人之间也不是完全没有矛盾的。比如三顾茅庐后，刘备与诸葛亮的感情越来越好。关羽、张飞不高兴，有所怨言，刘备安慰他们："孤之有孔明，犹鱼之有水也。愿诸君勿复言。"关羽、张飞这才停止抱怨。正是因为互相迁就，才续写了三人的佳话。

汉高祖刘邦之所以能战胜项羽，是靠不断迁就韩信换来的。韩信是个天才，但是脾气不好，动不动就"离家出走"，跟从过项梁、项羽和刘邦。在刘邦大营，韩信也要出走，于是才有了萧何月下追韩信的典故。刘邦没有计较，反而封韩信为大将军。后来，韩信的翅膀硬了，就有些不听使唤了。垓下之战前夕，刘邦答应韩信封为齐王的要求，才有了韩信在垓下之战的出手相助。试想，如果刘邦因为韩信有脾气有

HOW
TO
INVEST

Learn from
Charles
Thomas
Munger

205

野心就弃之不用，还会有后来的汉朝吗？

《西游记》中，唐僧师徒四人，性格迥异，瑕瑜互见，存在着许多矛盾。唐僧师徒中最直接、明显的矛盾就是唐僧与孙悟空的矛盾。比如，孙悟空把白骨精的三个假身打死，不辨人妖的唐僧在猪八戒的撺掇下赶走了孙悟空。赶走了孙悟空之后，取经团队遭遇到挫折——沙僧、小白龙受伤，唐僧被妖怪施法变成老虎。孙悟空不计前嫌救唐僧，取经团队才满血复活继续西行。就如原著所说："唐僧复得了孙行者，师徒们一心同体，共诣西方。"师徒四人，互相迁就，终修正果。

证券投资之道，也是一样的道理。在选择投资标的时，优秀的上市公司也有不同的问题，若能瑕不掩瑜，依然不影响它成为好股票的潜力。比如，贵州茅台这十几年涨了百倍，公司就没有瑕疵吗？有，而且还很明显，比如也有管理人员贪污腐败。然而，外部投资者要看主流，若眼里容不下沙子，就找不到可以买的股票了。

九、亲爱的，这世界上本没有对的人

有一句歌词是："确认过眼神，我遇上对的人。"于是，有些人这样安慰自己或者别人："一定会遇见那个对的人。"然而，一位作家说出了真相："亲爱的，这世界上本没有对的人。"该作家还谈到了爱情的钟摆效应：习惯了某一类型男人的女人，往往会发现该类男人的缺点，觉得能弥补此缺点的其他类型的男人更有亲切感。

初识时，巴菲特经常打电话给查理·芒格说想做某件事，查理·芒格会说："天啊，你在开玩笑吗？有这种风险和那种风险。"因为芒格擅长识别到各种风险并对绝大部分的投资建议说"不"，巴菲特称查理·芒格为可恶的"说不大师"。

巴菲特说："如果你问查理某个项目，他说'不'，那么我们会用所有的钱来投资它。如果他说'这是我听过的最愚蠢的事情'，那么我们就会适当地做一点投资。如果你能够校准他的答案，你就能获得很多智慧。"

查理·芒格知道无论何种投资项目都存在着风险，所以他寻找的是风险小、易理解的项目。查理·芒格知道完美的公司是不存在的，所以他寻觅的是优秀、伟大的企业，这也是查理·芒格多次强调护城河的原因。

一切试图寻找完美赛道、完美管理的上市公司的努力必将失败。如果还希望能找到一个完美的买点介入，那真是"一切都是最好的安排"，不可能实现的。

没有完美的一个人，也没有完美的上市公司。

1. 聪明的领导从来不寻找完美的下属

当自己一手提拔起来的沈葆桢背叛他的时候，曾国藩第一反应就是弹弹弹，弹劾这个影响湘军平乱大业的捣蛋鬼。然而，曾国藩转念一想，看谁不顺眼就清理谁，这不是历代权臣行径吗？有人背叛我，正好可以借此机会，学会忍耐，

HOW
TO
INVEST

Learn from
Charles
Thomas
Munger

207

磨砺自己的心性。

> 人人不免恶其拂逆，而必欲顺从，设法以诛锄异己者，权臣之行径也。听其拂逆而动心忍性，委曲求全，且以无敌国外患而亡为虑者，圣贤之用心也。

真是少有的圣贤之心！忍常人所不能忍，堪称"忍者"。

在京东的战略会议上，刘强东宣布投入巨资建立物流派送体系。这意味着京东将长期负债经营，不盈利。一个高管表示反对，认为不能做物流重资产业务。该观点得到了不少高管的认可，会场有些躁动。刘强东说，今天不是和大家商量，是通知大家，请大家依照执行。随后，他对那个高管说："这位先生，我请你来不是证明我的决策是错误的。我请你来是把我的决策落实到位、执行到位！如果有困难，你要想办法如何完成。"一星期后京东再开会时，这个高管的位置已经换了人。

我佩服京东的执行力。不过，如果给这位高管时间，让他接受战略，是不是更好的办法？毕竟这位高管也算是忠心耿耿、直言犯谏的"忠臣"吧？

2. 投资者不必寻找完美的上市公司

茅台并不完美，公司的高管基本是从政府调过来的官员，请问这到底是个公司还是一个事业单位？卖酒的不敢轻易提价，怕社会舆论影响太大。这明显没有把股东利益放在第一位。这种事情，在成熟的市场经济体系里，简直不可想象。

然而，瑕不掩瑜，至少茅台不会爆雷。大股东不会挪用上市公司资金，不必质押股票。上百年的文化沉淀在那里摆着，稀缺性和定价力在那里摆着。康得新被 ST 了，康美被调查了，三安光电被质疑了，而茅台就算前任高管被双规了，还是消费者心目中屹立不倒的"茅台"！

挑股票，就像挑伴侣一样。挑不到完美的怎么办？既然没有绝对优秀的企业，那就挑一批相对优秀的企业。只要经济不崩溃，这批企业所构成的投资组合必然带来可观收益。

如果经济崩溃了呢？听到这样的言论和担忧时，我只能力挺中国。现在中国的银行资金没有大量坏账，也没有高杠杆，买两套房还那么不方便，杠杆率不高。再讲政治环境，中国强调开放，也不可能回到改革之前的状况。

如果在这样的条件下，中国经济都能崩溃，那就认了吧！如果地球爆炸了，你才挑到最完美的伴侣，又有什么用？当然，就算中国经济崩溃了，对冲基金还是可以通过做空股指期货规避系统性风险的。

3. 结语

鲁迅先生说，地上本没有路，走的人多了，也便成了路。

爱情专家说，世界上本没有对的人，八九不离十，凑合着过就对了。我说，股市里本没有完美的上市公司，抓大放小，抓住几个优秀的上市公司，图个相对完美就够了。

十、工匠精神尚需广阔胸襟

1994 年 4 月，查理·芒格在南加州大学演讲时说："跟生态系统的情况一样，有狭窄专长的人能够在某些狭窄领域中做得特别好。动物在合适生长的地方能够繁衍，同样的，那些在商业世界中专注于某个领域——并且由于专注而变得非常优秀——的人，往往能够得到他们无法以其他方式获得的良好经济回报。"

Just as in an ecosystem, people who narrowly specialize can get terribly good at occupying some little niche. Just as animals flourish in niches, similarly, people who specialize in the business world—and get very good because they specialize—frequently find good economics that they wouldn't get any other way.

有工匠精神的人，大多有着一股韧劲和耐心，抱着精益求精、宁缺毋滥的理念，在各自的领域中精雕细琢，有所小成。

当今政治经济领域的顶尖成功者身上大都有工匠精神，

但有工匠精神的人却不一定能成为各个领域的顶尖者。工匠精神是效率的催化剂，但如果注意力过于集中在细枝末节上，变得心胸狭隘、独断专行，就不利于做大做强。

查理·芒格的偶像富兰克林倡导的十三个品质的实践清单中，有一个品质就是要心胸开阔。心胸开阔都是老话了。在 2019 年每日期刊公司年会上，查理·芒格说："你真想从查理·芒格身上学到点什么，记住我这句话，'老理儿，靠谱'。所有那些传统美德，让人一生受用。"

I'd say, if you want to carry one message from Charlie Munger it's this, "If it's trite it's right." All those old virtues, they all work.

咸丰十年（1860 年）五月二十七日，曾国藩与营官谈到，在太平盛世，创建丰功伟绩的英雄，最重要的一点是胸襟开阔。

偶与营官马得顺言及盛世创业垂统之英雄，以襟怀豁达为第一义。

曾国藩生活在一个风雨飘摇的时代，他梦寐以求的正是我们现在所处的太平盛世。在太平盛世，没有刀光剑影与枪林弹雨，不存在生死攸关的时刻，价值观更加多元化，个性更加解放。一个组织的领导者，只有具备宽阔的胸襟才能吸引更多的充满个性的优秀人才，一起朝着组织目标努力。

马云曾多次嘲笑过自己的身材与样貌，他说，长成这个样子穿什么也穿不好了，所以只求自己穿起来舒服。对于其他人的嘲笑，马云也照单全收，时不时还拿出来娱乐一下。马云拥有宽广的胸襟，才能够吸引广泛的优秀人才为建设阿里巴巴而努力奋斗。

老干妈的创始人陶华碧是一个富有工匠精神的人。她对自己的产品精雕细琢、精益求精，一生做好一瓶酱。除了工匠精神，陶华碧在管理上也有一套。考虑到公司较为偏远，交通不便，她决定所有员工一律由公司包吃包住。她能叫出大多数员工的名字，记住许多员工的生日。员工结婚了，陶华碧亲自当证婚人。高管要出差，陶华碧煮几个鸡蛋给他们送行。这样一个没读过书的老板，用"干妈式"的管理方法，把工作人员紧紧地凝聚起来。

马化腾、任正非都是技术出身的，他们愿意在某件事上精益求精，更注重人才的培养，有大局观，不会过分关注无足轻重的细节。于是乎，他们坚定、踏实地书写了一个属于自己的时代。

2016 年 1 月，经纬中国创始管理合伙人张颖在"风向2016"自媒体峰会上做了主题演讲。他说，经纬中国至今投资的项目中，有将近 20 家不成功。张颖认为，这些项目失败的原因可以归结为一点——创始人心胸狭窄。

2011 年 3 月，《纽约时报》报道，2009 年初，Google公司总部启动了一项揭示最佳管理者特质的项目——氧气计划。在收集和分析了 10000 份资料之后，Google 前人力资源副总裁表示，专业技术固然重要，但不是关键因素，与他人建立联系并且平易近人要重要得多。

有位投资界的朋友曾经说过，要观察一家公司是否值得投资，不妨先去该公司的洗手间，看看是否干净。浦来德曾经观察过一家娱乐公司，发现该公司的老板是一个事业狂、技术狂，但他对公司办公大楼的卫生过于苛刻，导致企业文化十分压抑。最终，浦来德放弃了对该公司的投资。总之，洗手间不干净的公司不值得投资，过分在意洗手间是否干净的公司也不值得投资。

工匠精神诚然可贵，但也不是万金油，有着工匠精神的"技术宅"不一定能获得成功。工匠精神是十年磨一剑，但执剑者也须有广阔的胸襟方能有所大成。

十一、查理·芒格为什么高度评价杰克·韦尔奇

如何找到优质的投资项目？

1994年4月，查理·芒格在南加州大学马歇尔商学院给出了答案。查理·芒格说："理想的情况是，你买入的伟大企业正好有一位伟大的管理者，因为管理人员很重要。例如，通用电气的管理者是杰克·韦尔奇，而不是那个掌管西屋电气的家伙，这就造成了极大的不同。"

And ideally—and we've done a lot of this—you get into a great business which also has a great manager because management matters. For example, it's made a hell of a difference to General Electric that Jack Welch came in instead of the guy who took over Westinghouse—one hell of a difference.

杰克·韦尔奇在 1960 年加入通用电气，通过 21 年的努力，在 1981 年成为董事长和 CEO。又用了 20 年，杰克·韦尔奇使公司的资产从 130 亿美元增长到数千亿美元。

杰克·韦尔奇说："我们必须在每个涉足的领域做到数一数二，否则就退出。我不在乎要解雇多少人，卖掉哪些业务。如果做不到，我们宁可不做。"这听起来似乎有点无情，但查理·芒格认为，这个决定再正确不过了。规模优势可以使内部进行更专门的分工，将规模优势转变为发展优势。

2005 年，查理·芒格在《人类误判心理学》中提到了西屋电气。在 20 世纪 90 年代，西屋电气旗下的信贷公司在公司管理层的批准下借出多笔高风险贷款给房地产开发商，最终变成坏账。数十亿美元无法追回，导致西屋公司陷入了财政危机。接下来，西屋电气陆续卖掉了除广播业务外的几乎所有业务部门。2006 年，东芝公司收购西屋电气。

查理·芒格的真知灼见在十多年后再次得到了验证。2017 年，西屋电气申请破产重组。2018 年，西屋电气被美国博勒飞公司收购。

面对官僚作风，杰克·韦尔奇很有一套。查理·芒格认为，通用电气能够与官僚作风斗争，是因为通用电气的领袖是个天才和激情的结合体。杰克·韦尔奇 45 岁时就成为公司董事长与 CEO，在位期间，他致力于扫荡通用电气中的官僚作风，让公司富有生机。

证券分析师一般倾向于预测财务数据，而不看重对管理层行为的预测。查理·芒格在演讲中还提到，管理层的行为能力也是可以被预测的，并不需要一个天才才能理解管理层之间的优劣。

And some of it is predictable. I do not think it takes a genius to understand that Jack Welch was a more insightful person and a better manager than his peers in other companies.

投资者需要做的一项重要工作是比较管理层之间的能力并预测管理层行为。在中国古代历史上，虽然没有证券分析师，但是有很多预测管理层行为的有识之士。在官渡之战中，袁绍与曹操都想拉拢张绣，都派了使者到张绣大营。袁绍的使者说，您和刘表都有国士之风，所以特来相请。根据《三国志》记载，张绣的谋士贾诩回答使者说，袁绍连自己的兄弟都容不下，还能容纳天下贤才吗？

归谢袁本初，兄弟不能相容，而能容天下国士乎？

张绣对此迷惑不解，因为他是从表面的财务数据来分析公司的。曹操出身宦官之家，而袁绍四世三公，门生故吏遍布天下。天下分为十三州，曹操只占两个州，袁绍占了四个州。论兵力，袁绍军是曹操军的好几倍。总的来说，袁绍可以算是行业龙头了！买股票不是要买龙头吗？贾诩放着龙头不要，反而关注小公司，这是何道理？

贾诩解释道，首先，曹操挟天子以令天下，名正言顺；其次，我们归顺强盛的袁绍是锦上添花，归顺弱小的曹操是雪中送炭；最后，想称王称霸的人会放下私人恩怨，向天下人宣告自己胸怀宽广。

> 夫曹公奉天子以令天下，其宜从一也。绍强盛，我以少众从之，必不以我为重。曹公众弱，其得我必喜，其宜从二也。夫有霸王之志者，固将释私怨，以明德于四海，其宜从三也。

贾诩不是痴迷于研究各方分别有多少兵力，不是执着于各方的家世背景，也不是沉迷于分析各方的财务数据，而是从根本的管理者因素分析判断一个公司的核心竞争力。贾诩掐指一算，曹操知人善任，得道多助，是位明主；而袁绍外宽内忌，连自己的兄弟都不能相容，更何况其他人呢？

曾国藩也非常重视人的因素，他之所以能平定太平天国，得益于团结了一批具有卓越领导力和执行力的干将。《清史稿》高度评价了曾国藩的用人能力。

> 尤知人，善任使，所成就荐拔者，不可胜数。

清代梁溪坐观老人的《清代野记》记载，金安清接连求见曾国藩七次，但是曾国藩都没有接见他。金安清才高，理财能力极强，但他的心术不正，所以曾国藩用其策不用其人。

塔齐布、罗泽南、江忠源等人，克己奉公，怀瑾握瑜，所以曾国藩愿意举荐他们。有了对的人，才有了胜利。

毛泽东在《论持久战》中说："武器是战争的重要因素，但不是决定因素，决定的因素是人不是物。"

在上市公司的发展中，决定因素也是人而不是物。

2012年年末，洽洽食品的创始人陈先保将总经理的职务交给了其侄女陈冬梅。失去了陈先保的洽洽食品，前进的步伐似乎慢了许多，2013年的归母净利润更是大幅下降了10%。2015年6月，陈先保回归洽洽食品，大刀阔斧地进行改革，聚焦"坚果炒货"主业，激发企业活力。2017年，每日坚果的推出给久旱的洽洽带来了甘霖。毫无疑问，陈先保的出山给洽洽带来了勃勃生机。

一个公司的产品品质好不好，销售渠道广不广，都是表面现象。在其背后，这些归根到底都是人做出来的，而公司的这些人最关键的还是管理层。所以查理·芒格高度重视管理层的作用，高度评价杰克·韦尔奇这样的优秀管理层。

第六章　诚的艺术：如何揣摩政策和宏观经济

一、准备抄底股市吧

今天是 2018 年 8 月 19 日，作为一个负责的基金经理，我建议从现在开始抄底股市！

我知道，很多人因为美国贸易战而感到悲观。但是，天塌不下来，我国经济不会萧条，有很大的回旋余地。我们一共 80 多万亿元的经济总量，对美出口才 3 万多亿元，怕什么？很多人又说，国内政策一直是收缩性的，虽有回旋余地，决策层不愿意释放也白搭。但是，我想说，决策层已经改主意了！虽然不是一百八十度转变，也是九十度转变。看到央行批评财政政策不积极了吗？这是政策转变的标志性事件。看到政治局会议肯定了央行的观点吗？这是最高领导层的公开肯定。看到金融稳定委员会一个月开了两次会议吗？看到银保监会最新的窗口指导文件吗？也许有些人还沉浸在资金面紧张的痛苦中，但是事情正发生变化。任何在中国生活的人，都不能忽视政策对自己的影响。也许我们暂时没有感觉到，然而或迟或早，政策的威力终将显现。

作为一个负责的基金经理，以我对中国股市的经验以及对高层政策的估计，我认为，现在可以跑步进场、逐步加仓了！

二、要做好股市暂时不涨的准备

很多人以为股市的主要博弈对象是市场情绪，是庄家或者主力，这是不对的。政策才是股市投资者首要考虑的博弈因素。因为市场情绪是不可捉摸的，政策路径是可以捉摸的；市场情绪对股市的影响是说不清楚的，而政策对股市的影响是明确的、显著的；依靠猜测市场情绪、主力庄家，少有成功的案例，而依靠对政策路径的把握长期战胜市场的却不在少数。

在中国股市，政策干预的特征特别明显。而且股市政策的出发点主要是解决实体经济融资问题，而不是推动股市上升。中国作为一个传统的农业大国，几千年来奉行着重农抑商的政策。这种思想的当代反映是重实体经济，抑制金融行业。比如，今年以来，据说宏观的财政政策是减税，但是我们二级市场的私募基金已经被加了增值税。重农抑商的思想在股市上的具体化就是重视股市的融资功能而忽视投资理财功能。在这样的政策主导下，最近二十年来，中国股市呈现出"尖顶平底"的特征。比如，2001 年的顶是国有股减持政策造成的，2015 年的顶是去杠杆政策造成的。2007 年的顶相对来说没那么尖，主要是房地产市场危机所致。但是，和美国股市的顶比较起来，中国股市的顶都太尖了，太扎心了。有兴趣的读者可仔细看看历史图形，做个比较。再说底部，最平坦的底部就是 2012—2014 年构筑的底部了，整整花了两年多时间。其次是 2008 年的底部，在四万亿政策出台之后，股市仍然冲高回落创出新低，然后见底。2005 年的底是技术分析中的经典双底，然而在中国股市已经是最尖的底了。之所以"尖"，是因为那一次出现了罕见的专门针对股市的扶持政策，即股权分置改革。所以，说中国完全没有保护股市的针对性政策是不客观。只不过，总体而言，股市政策以融资功能为主，以"尖顶平底"为基本特征，与政策有密不可分的因果联系。

现在是 2018 年 9 月 3 日，中国股市在估值水平上又迎来了一次底部。我个人估计，这并不是牛市的开始，而是又一次平坦底的开始。

对当下的股票市场，我对政策的判断是，决策层有些急但不是特别急，所以底是平的。从 2018 年 8 月开始，股市多次跌破 2700 点而被拉回。再结合金融稳定委员会多位领导的公开表态，我估计政策已经有些着急，国家队已经出手救市。但是为什么说不是特别急呢？新股还是以每周两三家的频率在发行，这是个标志。

平底时期，往往会见到很多不大不小的政策。这些政策往往会在一些灾难事件之后出台。比如最近的信贷政策开始适度宽松，就是在互联网贷款平台大量坏账，成千上万金融难民涌现之后发生的。针对长生生物的假疫苗事件，又量身定做了一个退市政策。

　　出问题后出政策，形势会逼着政策做出改变。因为以后可能会发生一场世界性灾难——美股不断下跌，引爆新兴市场（包括中国）的股灾。这样就可能会造成中国股市失去融资功能。那时，政策才会放出大招，结束这段平底的时期。由于中国股市已经处于低位，如果再跌几百点，比如到2500点，新股可能会破发。失去了融资功能，股市在决策者心中的价值就没有了，因为解决不了实体经济的融资需求。多少点位都不是底线，这才是底线。看透这一点，才能在股市永葆青春。

　　（随后的事实证明，之后的三个月美股的确大跌，中国股市也随之下跌，见到了2440的低点。新的证监会主席上任之后，中国股市开始一波强劲反弹，但美股花了4个月又重新回到历史最高点。所以，此文低估了美股的韧劲。）

三、关键时刻只能相信领导、理解领导

　　2018年10月22日，股市暴涨，主要原因是周末宣布了重磅的减税政策和股市政策。金融稳定委员会的各位大佬这几天针对股市接连发声，接连开会，支持力度巨大。前几天浦来德基金提前进行了加仓操作。我并不知道消息，只是相信领导而已。

　　在普通民众当中，股民是对政策最为操心的一个群体。因为每个政策都或多或少会影响股票价格。在政策市里要生

存发展，对政策的把握非常关键。

股民尤其是资金量大的股民，特别是机构投资者，除了研究上市公司本身的价值，还必须研究政策。

那么，重磅政策是否是一个外生变量，无法估计呢？单个政策孤立地看，似乎是突发的，但是多个政策联系起来看，往往是一脉相承的。政策的出台是为了达到某种目标，如果一个政策没有效果，往往还有后续政策。比如房地产调控的政策，如果房价降不下来，后续的政策就会源源不断。比如很多人担心的房产税什么时候出台的问题。其实什么时候出台，取决于期间房价的走势。如果房价连续下跌，普遍范围内的房产税是不会出台的。正如注册制虽然一开始提出的时候声音很大，呼声很高，但是股灾后股市一直萎靡不振，就没有人再提注册制了。很多政策都是相机抉择，随机应变的。投资者要适应重磅政策随时降临，也要适应重磅政策的改变。

只有从政策的连续性目标性来研究，吃透政策的逻辑，投资才能找到方向，把握节奏。这不仅仅对股市投资者重要，对实业投资者也很重要。比如银根紧缩的时候，企业主还借贷扩张，很容易面临资金链断裂的危险。2018年年初，政府提出金融去杠杆，很多企业主压根儿就没当回事，以为那是金融业的事，不是实体制造业的事。结果呢？贷款续不上了，捉襟见肘，无以应对。2018年发生的多起上市公司控股股东失去控股权的事件，就是极端教训。把握政策，对于不做股票的普通个人，也很重要。有些人投给了P2P平台，发现本金提不出来了。为什么？金融去杠杆的大环境，加速了一些不规范的平台的问题暴露，甚至由于挤兑的因素推倒了本来规范的平台。

　　总之，几乎所有生活在中国大地上的人，都要多留心重磅政策突然来袭，并理解之。唯有如此，才能穿梭于人群而游刃有余，起伏于牛熊而长盛不衰。

四、原来政策底在 2500

　　2018 年 12 月 21 日 14:38，中国人民银行网站挂出一则声明："我们注意到网上关于中央经济工作会议决定不减税不降费等传闻，这与事实相反。"落款为"国务院金融稳定发展委员会办公室"。

　　这是一则非常有意思的声明。三个小时以后，中央经济工作会议的新闻通稿就发布了。为什么要提前三个小时辟谣？区区三个小时，意义何在？唯一的意义是稳定股市。因为 14:18 股市跌破了 2500 点，将于 15:00 收盘。所以此声明的目的是稳定股市。

　　另一个值得注意的是落款，不是金融稳定发展委员会，而是金融稳定发展委员会办公室。因为金融稳定发展委员会的委员是各大金融部委的一把手，而办公室主任由人民银行行长兼任。人民银行不能代表金融稳定发展委员会发声明，但是可以代表金融稳定发展委员会办公室发布声明。人民银行网站上的声明，为什么不以人民银行的名义发布？因为金融稳定发展委员会对股市的市场号召力和影响力更大。

　　总之，这个声明体现了人民银行和金融稳定发展委员会办公室的领导维护股市的良苦用心。很有可能是看到股市跌破 2500 点以后的一个临时声明，目的就是不让股市跌破 2500 点!

苍天不负有心人，声明发布后，股市缩小跌幅，上证指数收盘站在 2500 点之上。

对金融政策，要细加解读，认真揣摩，如此在中国股市才能游刃有余。

五、牛市来了吗

1. 历史上牛市的条件

所谓牛市，即长期的大幅上涨。要有长期的买入信心，才能支持牛市。人的信心受到现实的支持，信心就比较持久。所以牛市一般都是有企业盈利改善为前提的。

等企业盈利改善了才能确认牛市，而不是企业盈利还没改善就有牛市。

有人说 2014 年的牛市就没有企业盈利的改善。这是不对的。那波在 2014 年、2015 年表现强劲的牛市，其实发端于 2013 年的传媒股大涨。而传媒股是被业绩大增拉动的。还记得《泰囧》这部电影吗? 正是这部电影，开始了国产电影的景气周期。

另外，2014 年，白酒经历了三公消费的低迷期，开始业绩回暖。这是传统行业的代表。

其次，当时互联网红利没有消失，以腾讯为代表的互联网公司业绩增速非常高，政策又鼓励互联网产业，伴随着大量商业模式创新。于是国内的互联网行业股票，比如网宿科技，涨幅惊人。

所以说那轮牛市的业绩基础是非常扎实的。

2. 近期股市特征分析

2019 年 2 月，有些观点认为牛市来了。那么如果这次真的牛市来了，历史上，和最近几次牛市最像的是哪次牛市呢？ 2005—2007 年、2009 年这两次牛市明显不像，最像的大概就是 2014 年这波行情了。

当时也有券商股的连续涨停，当时似乎也有领导鼓励炒股（周小川行长曾说炒股也是支持实体经济）。现在，有券商股的连续涨停，又有把股市列为国家核心竞争力的说法。但是，可惜，那次牛市有业绩支撑，这次还没有看到哪个实体行业的业绩增速出现明显改善。

当然，这次的最大特征是政策拉升股市的意图非常明显，比历史上任何一次都明显。从过年后股市上新闻联播，到把股市作为"国家核心竞争力"的说法。刘主席离职之前曾经喊过"春天不远了"，为什么效果不明显呢？为什么中国证券报对政治局会议的解读就这么有效果呢？首先，政治局会议解读规格更高。其次是喊话的时机问题，刘主席喊早了点。

在贸易形势缓解、去杠杆成功的背景下，通过媒体喊话，股市效果明显，立竿见影。其实，我判断今天（2019年2月25日）差不多该调整了，但是不料出来"国家核心竞争力"的说法，着实吓了一跳。

有没有牛市单纯靠政策意志拉升起来呢？或者说，单纯地靠官方媒体的喊话拉升起来的牛市有没有呢？当然没有。明天还能不能涨？后天还能不能涨？有新的喊话，可能还会涨。如果没有，大家冷静下来，长线资金还得看业绩，短线资金再找局部热点，很难出现今天这种普涨的局面。

通过沪股通、深股通流入的北上资金，今天在最近的十几个交易日内第一次出现了净流出。这点可能也预示着嗅觉灵敏的资金预期短线要调整。

3. 结论

结论是，这次就算是牛市，力度也不会很大。既然力度不大，那么调整下去给大家二次上车的机会至少是有的。所以错过了，不着急。

那么，究竟会不会有牛市。有一种可能，官媒喊话调动了大家的情绪，股市横盘一段时间，等待业绩这个定海神针转好，然后开始启动真正的牛市。如果业绩跟不上，牛市就再等等，只能按照平衡市来对待。

不管何种可能，现在都不具备持续上攻的大牛市条件。

六、迎接早熟的牛市

上一段《牛市来了吗?》提到了一种可能，官媒喊话调动了市场情绪，股市横盘一段时间，等待业绩这个定海神针转好，然后开始启动真正的牛市。如果股市真的按照这种方向演绎，那么可以认为，现在已经处在牛市当中，而后期的上涨是主升浪。

最近的各种迹象表明，这种可能性越来越大。

1. 政策的推动

所谓的各种迹象，无非是指政策意图。

今天下午（2019 年 2 月 27 日），证监会主席易会满的第一次新闻发布会发言中，首先提到了"敬畏市场"，这与刘士余主席上任时强调监管的侧重点不同。

> 必须敬畏市场，尊重规律、遵循规律，毫不动摇地推进资本市场健康发展。资本市场是……同时也对国家金融实力乃至参与国际金融治理能力构成影响。

恺撒的交给恺撒，市场的交给市场。减少了对交易过程的行政干预，增加了市场流动性，这是至关重要的。

本周一，《中国证券报》头版头条发表评论员文章，认为"包括股票市场在内的资本市场也将成为国家重要核心竞争力的组成部分"。这个评论对周一股市大涨起到了决定性作用。有一种观点认为，周一大涨是因为特朗普暂缓加税。其实贸易谈判那点事只是毛毛雨，市场预期之内。令人意想不到的是，股市成了国家核心竞争力。股民的地位一下子提高了，竟然还为国炒股！

今天下午易主席的讲话再次强调了股市的"崇高"地位。

2. 中国股市翻开新篇章

今天下午易主席的讲话，还有一个极端重要的信号。

> 资本市场既是一个融资市场，这个"晴雨表"功能主要通过上市公司来体现，因此提高上市公司质量是重中之重；资本市场也是一个投资市场，必须充分发挥市场价值发现功能，才能够吸引各类投资主体平等参与其中。

这是中国股票发展史上前所未有的表态！这标志着中国股市发展进入新的历史阶段！

中国股市从设立之初，目的是为国有企业融资，解决国有企业困难，而不是给老百姓提供理财渠道的。

经过 30 年的发展，那些上市的国有企业还困难吗？已经不困难了，而且它们发展得很好。中国股民为国有企业脱困，为民营企业融资做出了巨大贡献。那么大盘子的股市关系着千家万户的财富，是否应该关心一下老百姓的股市涨跌呢？

这十几年，股市投资者经常看新闻，看到政策强调股市的"直接融资功能"，从来没有强调过"投资功能、理财功能"。现在，我们终于强调股市的投资功能了！

3. 超级政策催熟了牛市

最近十五年以来，中国历史上每一轮牛市的业绩基础是非常扎实的。2005 年经济向好，2009 年经济向好，这两次的经济状况都是明显的。

2014 年经济依然向好，尽管力度弱了点。向好因素首先集中在新兴产业，然后从传媒到互联网，扩散到其他行业，最后在 2015 年带动了一线城市的房地产市场。

当前，各种宏观经济指标，尤其是投资增速，仍然在不断下滑。这个月前不久，我通过微信请教了经济学家姚洋教授。他觉得随着刺激政策的出台，宏观经济很有可能在下半年结束增速下滑的态势。

现在 2019 年年初，很多上市公司刚刚经历了业绩爆雷时期。正常情况下，如果任凭经济基本面自然演化，现在无论如何还没有到牛市的时候。

但是人为的推手，政策的强力推动，把牛市的脚步提前了。

股市有一个自我强化的机制。从行为金融的角度来说，只要大家相信牛市，牛市就会到来。当然，长期来说，如果业绩不好，大家的信心就不牢固。可是，短期来说，信心更重要。反正业绩快好转了，三五个月时间也不长嘛，坚持，挺住！挺着，耗着，等到春暖花开。

这个机制，就给证监会领导提供了时间。只要你不断给市场信心，哪怕这三五个月上市公司业绩没有全面回暖，市场是可以撑住的。市场撑住，就有财富效应，至少会利好券商，促进消费，加速经济的复苏。所以，领导艺术很重要！

七、"看不见的手"重夺股市指挥棒

2019年二三月份股市上涨，既不是靠货币政策推动，也不是靠财政政策推动，而是靠股市政策推动。比如，2月25日，中国证券报头版评论称，包括股票市场在内的资本市场也将成为国家重要核心竞争力的组成部分。为国炒股，光荣啊！当天上证指数暴涨5.6%。

2月27日，易会满主席在新闻发布会上表示，必须敬畏市场，尊重规律，遵循规律，资本市场也是一个投资市场。这些新提法，让两市交易额在三月初好几天都站上万亿元高度。

最近，整个一季度的社会融资总额远超预期，上证指数节节上升，金融市场各方面出现了良好复苏的迹象。于是乎，政策已经不那么着急了。管理层不希望打造一头疯牛，而是要打造一头绵柔型的慢牛。

现在是 2019 年 4 月 19 日，山谷里不时传来打击配资的回响。这恰恰印证了曾国藩所言：

> 近来见得天地之道，刚柔互用，不可偏废，太柔则靡，太刚则折。

在这种情况下，既然"看得见的手"决定稍事休息了，于是那只"看不见的手"趁机夺回了股票市场的指挥棒。企业盈利和资金的供求关系，就是那只决定股票市场的无形之手。

资金供求关系并无显著变化，正在公布的一季报成了重中之重。那么企业盈利情况究竟如何呢？上市公司 2019 年一季报即将在本月底全部公布。如果企业盈利加速，则牛市节奏不变；如果减速，则须提防 5 月调整。

宏观经济这个巨人似乎正在苏醒过来。2019 年 3 月份，中国制造业采购经理指数（PMI）为 50.5%，重回临界点以上。2019 年一季度 GDP 增速 6.4%，与 2018 年四季度持平。然而，巨人毕竟还没有满血复活，刚刚开始下的雨水能否让池塘里的小鱼小虾们欢腾起来，尚未可知。

本人曾经在 2019 年 2 月底撰写《迎接早熟的牛市》一文。现在时间过去了将近两个月，总体判断并没有需要改变的地方。唯一需要调整的判断是，牛市的脚步是否正在放缓？

放缓的主要理由可能是上市公司的业绩暂时跟不上奔

HOW
TO
INVEST

Learn from
Charles
Thomas
Munger

231

跑的股价。4月就快结束了，成绩单就快公布完了。大家都别急，拭目以待吧！

八、我是如何躲过本周暴跌的

2019年4月26日，这一周，上证指数踩了刹车，暴跌180多点（-5.64%），大量个股纷纷破位，市场惨不忍睹。虽说，很多情况下，市场的短期波动是不可预测的，然而本周的暴跌其实是可以躲过的。且听我慢慢道来。

第一，业绩风险。本轮牛市是早熟的牛市，主要是因为业绩没有跟上股价奔跑的速度。要拉着还没走稳的队友一起飞快地跑起来是不现实的，容易扑街。本周是4月下旬，一季报基本披露完毕。虽然成绩单还没有完全发放，但是考得怎么样，考生和家长们其实对此都有预判，是可以估计的。正如本人在上一篇文章《"看不见的手"重夺股市指挥棒》中指出的，宏观经济的巨人刚刚睁开眼睛，滋润大地的雨水刚刚开始下，万物生长的时期还没有真正到来。正如一队人群在黑夜中行走，看到了希望，却还没有得到希望。可以推测，一季报完全公布之后，目前的上市公司业绩并不会扭转，也许只有券商、保险等少数几个行业可以比较亮眼。那么在这种情况下，既然已经知道一季报大概隐藏业绩风险，何必要等到5月份再卖股票？不妨抢跑。

第二，政策风险。4月19日，中央政治局召开会议分析经济工作,时隔半年重提去杠杆。原来的"稳就业、稳金融、稳外贸、稳外资、稳投资、稳预期",已经变成了"稳增长、促改革、调结构、惠民生、防风险、保稳定"。"稳金融"已经悄然离队,这是一个非常重要的市场信号,引发了一部分投资者关于政策护航力度减弱和对货币政策转向从紧的担忧。尽管本周央行站出来稳定军心,说之前货币政策没有放宽,之后也不会从紧,体现了央行调控市场预期的意图。但是中央政治局会议的信号是明确的,即高层已经认为金融被稳住了。既然市场已经被稳住了,就完全靠市场了。万一注册制进度超出预期呢?比如周五传出来的首次公开募股(IPO)加快的传闻,就可能暗示了某种微妙的动态。

正是基于上述的判断,浦来德基金做出了减少股票多头,加大股指期货空头的决定,从而完美躲过了本周的暴跌。

九、股市调整是战略性买入的机会

2020年3月23日,大盘跌到了国内疫情最严重时候的低点。请问大家一个问题,是国内疫情严重对我们影响大,还是国外疫情严重对我们影响大?我想大部分人会偏向于前者。那为什么股市会跌到国内疫情严重时候的低点呢?

这不是经济基本面造成的,而是外资争相撤离造成的,因为有很多国外基金持有中国的股票。现在美国股市大跌,外资就必须从中国撤出一部分资金。国外基金通常会在新兴市场维持一定的仓位。当美国股市大跌导致他们的总资产下降时，新兴市场的持股就会下降，以维持仓位不变。当他们的大金主比如沙特因为政局动荡而赎回资金时，他们也不得不卖出股票。所以最近外资重仓的蓝筹股跌幅比较大，美元对人民币大幅升值，都是由于大量的资金回流美国所造成的。

此次大跌是短期的流动性因素造成的，并非基本面因素造成。从长期来看，股市大跌不可持续，所以现在是战略性买入的机会。

此次危机是 2008 年金融危机的翻版，都出现了美元升值、股市大跌的情况。危机过后，将会迎来转机。2008 年 11 月，股市开始企稳，开始了一波牛市上涨。

现在和 2008 年金融危机最大的不同是中国没有问题。2008 年中国流动性在紧缩，房地产泡沫破裂，和其他国家的金融危机是一样的。而现在中国流动性在宽松，房地产价格并没有暴跌，实体经济比如餐饮业，只是暂时受了疫情的影响而已。

2008 年是次贷危机，不仅仅是金融危机，房地产和金融都危机重重。而现在在金融方面主要是股市危机，银行还没有什么危机，在实体经济方面是疫情的短暂影响。所以这一次的危机会小于 2008 年。

图书在版编目（CIP）数据

跟着查理·芒格学投资 / 庞剑锋著 . —— 北京：台
海出版社，2020.12
    ISBN 978-7-5168-2822-9

    I.①跟… II.①庞… III.①投资—经验—美国
IV.① F837.124.8

中国版本图书馆 CIP 数据核字（2020）第 236786 号

跟着查理·芒格学投资

著　　者：庞剑锋

出版人：蔡　旭　　　　　　　　书籍设计：孙　初　文小婧
责任编辑：俞滟荣

出版发行：台海出版社
地　　址：北京市东城区景山东街 20 号　　邮政编码：100009
电　　话：010-64041652（发行，邮购）
传　　真：010-84045799（总编室）
网　　址：www.taimeng.org.cn/thcbs/default.htm
E - mail：thcbs@126.com

经　　销：全国各地新华书店
印　　刷：北京精彩世纪印刷科技有限公司
本书如有破损、缺页、装订错误，请与本社联系调换

开　　本：889 毫米 × 1194 毫米　　　1/32
字　　数：158 千字　　　　　　　　　印　张：7.75
版　　次：2020 年 12 月第 1 版　　　印　次：2021 年 3 月第 1 次印刷
书　　号：ISBN 978-7-5168-2822-9

定　　价：68.00 元